高职汽车检测与维修技术专业立体化教材

Qiche Jixie Zhitu

汽车机械制图

中国交通教育研究会职业教育分会　组织编写
上海景格科技股份有限公司　技术支持
　　　　　陈秀华　易　波　主　编
马云贵　丁小民　李秋艳　副主编

人民交通出版社股份有限公司
China Communications Press Co., Ltd.

内 容 提 要

本书是高职汽车检测与维修技术专业立体化教材之一,主要内容包括:制图基础知识,点、直线和平面投影,基本几何体投影及表面交线,组合体绘制与识读,机件常用表达方法,标准件和常用件绘制与识读,零件图绘制与识读,装配图共八个学习项目。

本书可作为高等职业学校汽车检测与维修技术、汽车运用与维修技术等专业核心课程教材,也可作为汽车服务人员在职培训及汽车爱好者的自学指导书。

图书在版编目(CIP)数据

汽车机械制图/陈秀华,易波主编. —北京:人民交通出版社股份有限公司,2019.7
高职汽车检测与维修技术专业立体化教材
ISBN 978-7-114-15542-0

Ⅰ.①汽… Ⅱ.①陈…②易… Ⅲ.①汽车—机械制图—高等职业教育—教材 Ⅳ.①U462

中国版本图书馆 CIP 数据核字(2019)第 094589 号

书　　名:	汽车机械制图
著 作 者:	陈秀华　易　波
责任编辑:	戴慧莉
责任校对:	赵媛媛
责任印制:	张　凯
出版发行:	人民交通出版社股份有限公司
地　　址:	(100011)北京市朝阳区安定门外外馆斜街 3 号
网　　址:	http://www.ccpress.com.cn
销售电话:	(010)59757973
总 经 销:	人民交通出版社股份有限公司发行部
经　　销:	各地新华书店
印　　刷:	北京市密东印刷有限公司
开　　本:	787×1092　1/16
印　　张:	11.25
字　　数:	256 千
版　　次:	2019 年 7 月　第 1 版
印　　次:	2019 年 7 月　第 1 次印刷
书　　号:	ISBN 978-7-114-15542-0
定　　价:	29.00 元

(有印刷、装订质量问题的图书由本公司负责调换)

高职汽车检测与维修技术专业立体化教材
编 委 会

主　任：魏庆曜

副主任：吴宗保　李　全　解福泉

委　员：陈瑞晶　陈　斌　刘　焰

　　　　高进军　崔选盟　曹登华

　　　　曹向红　官海兵　李　军

　　　　刘存香　缑庆伟　袁　杰

　　　　朱学军

秘　书：钟　媚

前　言

《国家中长期教育改革和发展规划纲要(2010—2020年)》(以下简称《纲要》)的发布,为中国近十年的教育改革和发展提供了明确的前进方向。围绕《纲要》实施,"适应经济社会发展和科技进步的要求,推进课程改革,加强教材建设,建立健全教材质量监管制度"是职业院校教学改革的重要内容。如何实现教材建设和课程改革相结合,满足学生职业生涯发展和社会经济发展相适应,十分关键。

本套教材以中国交通教育研究会职业教育分会汽车运用工程专业委员会制订的汽车检测与维修技术专业人才培养方案和课程标准为依据,以行业典型工作任务为课程内容参照点,以完整任务为单元组织内容,以任务实施为主要学习方式,满足高职汽车检测与维修技术专业培养技能人才的教学需求,具有以下特点:

1. 学习任务工作化。以任务驱动为导向,按照典型工作任务、完整过程和工作情境设计教学内容。从岗位需求出发,实现教学内容融合工作任务,通过任务实施巩固学习过程,为学生提供全面的学习和培养。

2. 教学内容专业化。在中国交通教育研究会职业教育分会汽车运用工程专业委员会的指导下,组织教育专家设计、行业专家指导、技术专家和院校教学专家团队编写,保证了教学理念的先进性与教材内容的专业性。

3. 教材形式立体化。以"高职汽车检测与维修技术专业资源库"为支撑,资源库中含有丰富的动画、视频、优秀图书、论文、知识拓展等素材资源,教材中的相关知识点附近配有二维码。扫码可观看动画或视频资源,使课程更加形象化、情景化、动态化、生活化。

4. 课程内容全面化。课程全面覆盖各层次学生学习需求,不仅涵盖重要知识内容和关键操作步骤,而且配套资源库中推荐众多优秀图书、论文、知识拓展链接,为各层次学生精选、设计匹配学习方法,丰富学习渠道,满足学生多种场景学习要求。

5. 教学形式信息化。课程采用教材与网络资源库同步呈现模式,实现网络云端数据访问,教学素材实时更新,满足各院校信息化教学需求。

6. 教学质量可视化。课程不仅设计有全面的考核项目和海量题库,同时配套景格云立方教学管理平台,实现教学全过程信息化管理,有效地把控教学效果。

本套教材是中国交通教育研究会职业教育分会汽车运用工程专业委员会组织,四川交通职业技术学院、广西交通职业技术学院、天津交通职业学院、广东交通职业技术学院、湖北交通职业技术学院、江西交通职业技术学院、陕西交通职业技术学院、北京交通运输职业学院、河南交通职业技术学院、贵州交通职业技术学院、湖南交通职业技术学院、上海交通职业技术学院(院校排名不分先后)及上海景格科技股份有限公司深度合作,在行业专家、教学专家的指导下共同开发的"汽车类专业教学资源库"配套教材。希望通过本套教材的使用,使学生能够学到扎实的基础知识、练就娴熟的专业技能、掌握实践操作经验,让学生决胜于职场,创造出一个美好的未来。

《汽车机械制图》是本套教材中的一本,与传统同类教材相比,本书由浅入深、循序渐进带领学员步入机械制图的殿堂,每个项目由若干任务驱动、激发学习者的兴趣,理论与实践相结合,实操环节可巩固所学,解决实际问题。特点如下:

1. 汽车零、部件图入教材:贴合实际采用汽车上的零件图(如齿轮、轴类零件)和装配图(如活塞连杆总成装配图),结合企业生产工艺,从易到难,由八个项目系统地介绍了机械制图的相关国家标准以及绘图与识图的知识。

2. 教学内容精练,管用够用:根据实际情况删减了不符合教学规律与企业实际的内容,采用新标准、新技术,注重培养学生理论与实践相结合,提升绘图和识图的能力,养成及时收集有效信息的习惯。

3. 资源库丰富的学习资源:以项目下的任务驱动,资源库大量信息可供学习者自主学习。拓宽了学生的学习兴趣以及学习维度,提升了学习者的积极性与主动性。

本书的编写分工为:湖南交通职业技术学院马云贵编写项目一,湖南交通职业技术学院丁小民编写项目二、项目五,湖南交通职业技术学院陈秀华编写项目三,湖南交通职业技术学院李秋艳编写项目四,湖南交通职业技术学院贾喜军编写项目六,湖南交通职业技术学院陈秀华、易波共同编写项目七,易波编写项目八。全书由陈秀华、易波担任主编,由马云贵、丁小民、李秋艳担任副主编。

在本书的编写过程中,编者参阅了大量国内外文献,引述文献尽量予以标注,但难免存在疏漏,在此对文献作者一并致谢!

由于编者水平有限,加上时间仓促,书中疏漏与不妥之处在所难免,敬请有关专家和读者批评指正。

编委会
2019 年 1 月

目 录

项目一　制图基础知识 ··· 1
　学习任务 1　机械制图国家标准识读 ··· 1
　学习任务 2　基本几何图形绘制 ·· 9

项目二　点、直线、平面图投影 ··· 18
　学习任务 1　正投影规律认知 ·· 18
　学习任务 2　点投影作图 ··· 23
　学习任务 3　直线投影作图 ·· 26
　学习任务 4　平面投影作图 ·· 30

项目三　基本几何体投影及表面交线 ·· 34
　学习任务 1　平面体投影及其表面上点投影作图 ························· 35
　学习任务 2　曲面体投影及其表面上点投影作图 ························· 39
　学习任务 3　立体表面交线绘制 ·· 44

项目四　组合体绘制与识读 ··· 59
　学习任务 1　三视图形成与投影规律认知 ···································· 59
　学习任务 2　组合体绘制 ··· 62
　学习任务 3　组合体尺寸标注 ·· 66
　学习任务 4　组合体识读 ··· 69

项目五　机件常用表达方法 ··· 72
　学习任务 1　视图画法认知 ·· 73
　学习任务 2　剖视图画法认知 ·· 77
　学习任务 3　断面图画法认知 ·· 86
　学习任务 4　局部放大图、简化画法及其他表达方法认知 ·········· 90

项目六　标准件和常用件绘制与识读 ······ 94
学习任务1　螺纹和螺纹紧固件绘制与识读 ······ 95
学习任务2　键连接、销连接绘制与识读 ······ 105
学习任务3　滚动轴承识读 ······ 108
学习任务4　齿轮绘制与识读 ······ 112
学习任务5　弹簧识读 ······ 116

项目七　零件图绘制与识读 ······ 119
学习任务1　零件图内容及作用认知 ······ 119
学习任务2　零件视图选择 ······ 121
学习任务3　零件图尺寸标注 ······ 125
学习任务4　零件图技术要求识读 ······ 129
学习任务5　常见零件工艺结构识读 ······ 143
学习任务6　零件图识读 ······ 148
学习任务7　零件图绘制 ······ 150

项目八　装配图 ······ 152
学习任务1　装配图的内容、作用、尺寸标注和表达方式 ······ 153
学习任务2　装配结构合理性说明 ······ 159
学习任务3　装配图识读 ······ 165

参考文献 ······ 170

《汽车机械制图》导读

项目一　制图基础知识

  项目概述

在汽车制造厂,要体现设计师的设计思想与意图,离不开机械制图,生产工人也要依据设计图样进行生产,供应链中相关的环节也需要机械图样传递技术信息,验收机械零、部件。

作为汽车行业的从业人员,有必要熟悉和了解有关机械制图的国家标准。本项目对机械制图国家标准中有关图幅、图线、字体、比例、标题栏进行初步的认知,并介绍机械制图常用绘图工具以及简单几何图形的画法。

  主要学习目标

1. 能力目标

(1)能正确描述和使用机械制图相关国家标准;

(2)能正确使用绘图工具;

(3)能完成基本几何图形绘制。

2. 知识目标

(1)国家标准中关于图纸幅面和格式、比例、字体、图线的规定;

(2)绘图工具的使用方法;

(3)几何图形的画法。

3. 职业素养目标

培养认真细致、严谨的工作作风。

学习任务1　机械制图国家标准识读

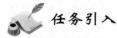 **任务引入**

在汽车制造厂,装配一辆普通的汽车,一般需要3万多个零件。在生产现场我们经常看到这样的图(图1-1),它是用来做什么的,画这样的图有统一的规定吗?需要注意些什么?本任务将具体阐述机械制图国家标准中有关图幅、图线、字体、比例、标题栏等的相关规定。

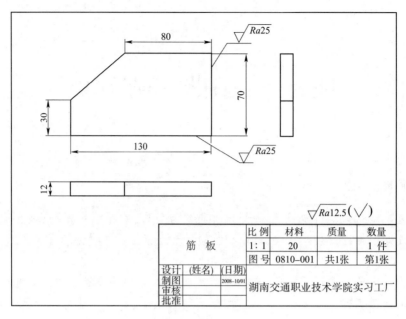

图 1-1 筋板零件图

学习目标

(1) 能描述机械制图国家标准中有关图幅、图线、字体、比例和标题栏相关规定;
(2) 能正确使用机械制图国家标准进行识图及制图。
建议学时:2 学时。

知识准备

技术图样是工程技术界的共同语言,为了体现设计师的意图,便于指导生产和对外进行技术交流,国家标准对技术图样上的有关内容作了统一规定,每个从事技术工作的人员都必须掌握并遵守。同时机械制图是工程师的语言,机械行业的从业人员都必须了解机械制图国家标准的有关规定。

我国于 1959 年颁布了第一个《机械制图》国家标准。该标准是依据国际标准化组织(ISO)的相关标准制订的,先后多次修订,相继发布了各项新标准。

国家标准涉及很多内容,这里仅就图幅、图线、比例、字体、尺寸注法等一般规定予以介绍,其他内容根据需要在后续叙述。其中尺寸单位默认为 mm,可不一一标注。

一、图纸幅面及格式

1. 图纸幅面

图纸幅面是指图纸的宽度与长度围成的图纸面积,绘制图样时,应优先选用表 1-1 所规定的 5 种基本幅面,其尺寸关系如图 1-2 所示。必要时允许加长幅面,加长部分的尺寸可查阅《技术制图 图纸幅面和格式》(GB/T14689—2008)。

表 1-1 图纸幅面尺寸(第一选择)

幅面代号	图纸幅面 $B \times L$	\multicolumn{3}{c}{周边尺寸}		
		e	c	a
A0	841×1189	20	10	25
A1	594×841	20	10	25
A2	420×594	10	10	25
A3	297×420	10	5	25
A4	210×297	10	5	25

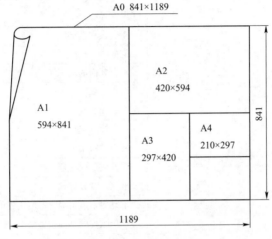

机械制图图纸幅面及格式国家标准

图 1-2 各种基本幅面的尺寸关系

2. 图框格式

图纸上必须用粗实线画出图框以限定绘图区域,这个线框称为图框。其格式如图 1-3 所示(a、c、e 尺寸规定见表 1-1)。

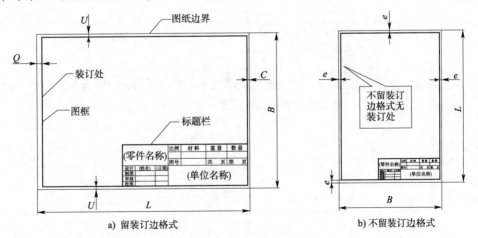

a) 留装订边格式 b) 不留装订边格式

图 1-3 图框格式

留装订边的格式,方便工厂将图样装订成册,如图 1-3a)所示。不留装订边格式一般用于现场需要单独使用零件图场合,如图 1-3b)所示。

二、图线

零件图的图样是由各种图线组成,要看懂零件图就必须首先明确常见各种图线的含义和用途,《机械制图图样画法图线》(GB/T 4457.4—2002)中有关规定见表1-2。

机械制图图线国家标准

常见图线表示方法和一般用途　　　　　　　　　　　表1-2

代　码	线　型	一　般　应　用
01.1	细实线	过渡线
		尺寸线
		尺寸界线
		指引线和基准线
		剖面线
		重合断面的轮廓线
		短中心线
		螺纹牙底线
		尺寸线的起止线
		平面的对角线
		零件成形前的弯折线
		范围线及分界线
		重复要素表示线,例如:齿轮的齿根线
		锥形结构的基面位置线
		叠片结构位置线,例如:变压器叠钢片
		辅助线
		不连续同一表面连线
		成规律分布的相同要素连线
		投影线
		网格线
	波浪线	断裂处边界线;视图与剖视图的分界线①
	双折线	断裂处边界线;视图与剖视图的分界线
01.2	粗实线	可见棱边线
		可见轮廓线
		相贯线
		螺纹牙顶线
		螺纹长度终止线
		齿顶圆(线)
		表格图、流程图中的主要表示线
		系统结构线(金属结构工程)
		模样分型线
		剖切符号用线

续上表

代 码	线 型	一般应用
02.1	细虚线 ⊢2~6⊣ ≈1	不可见棱边线 不可见轮廓线
02.2	粗虚线 	允许表面处理的表示线
04.1	细点画线 ⊢3⊣ 15~30	轴线 对称中心线 分度圆(线) 孔系分布的中心线 剖切线
04.2	粗点画线 	限定范围表示线
05.1	细双点画线 ≈3 15~20	相邻辅助零件的轮廓线 可动零件的极限位置的轮廓线 重心线 成形前轮廓线 剖切面前的结构轮廓线 轨迹线 毛坯图中制成品的轮廓线 特定区域线 延伸公差带表示线 工艺用结构的轮廓线 中断线

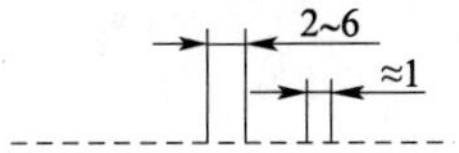

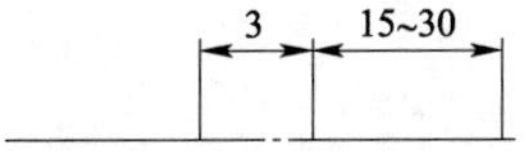

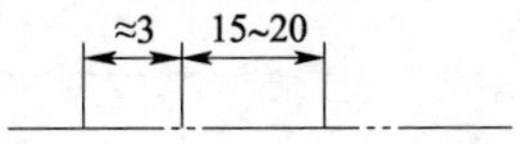

注：①在一张图样上一般采用一种线型，即采用波浪线或双折线。

国家标准规定了9种图线的宽度。绘制工程图样时所有线型宽度 d 应在下面系列中选择 0.13、0.18、0.25、0.35、0.5、0.7、1、1.4、2，单位为 mm。

粗实线的宽度优先采用 0.5 和 0.7。各种图线应用示例如图 1-4 所示。

图线应用注意事项：

(1) 同一张图样中，同类图线的宽度应基本一致。虚线、点画线和双点画线的线段长短和间隔应各自大致相等。

(2) 各类图线相交时，必须是线段相交。

(3) 绘制圆的对称中心线时，圆心应为线段的交点，首尾两端应是线段而不是短画或点，且应超出图形轮廓线 2~5mm。

(4)在较小图形上绘制点画线或双点画线有困难时,可用细实线画出。

(5)当虚线、点画线或双点画线是粗实线的延长线时,连接处应空开。

(6)当各种线条重合时,应按粗实线、虚线、点画线的优先顺序画出。

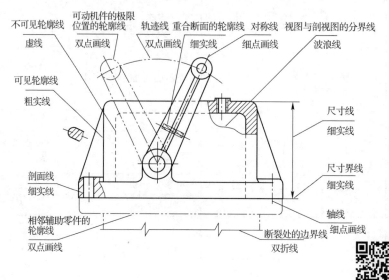

图1-4 各种图线的应用示例

三、比例

比例是指图样中图形与其实物相应要素线性尺寸之比。绘图时,应从规定的系列中选取比例《技术制图比例》(GB/T 14690—1993),见表1-3。

常用的比例   表1-3

种　类	比　例
原值比例	1∶1
放大比例	2∶1　2.5∶1　4∶1　5∶1　10∶1
缩小比例	1∶1.5　1∶2　1∶2.5　1∶3　1∶4　1∶5

四、字体

机械制图字体国家标准

《技术制图字体》(GB/T 14691—1993)对字体的具体规定如下。

图样中注写的字体必须做到:字体工整、笔画清楚、间隔均匀、排列整齐。

字体号数即字体高度(用h表示)的公称尺寸系列为:1.8、2.5、3.5、5、7、10、14、20mm,共8种。

汉字写成长仿宋体字,并应采用中华人民共和国国务院正式公布推行的《汉字简化方案》中规定的简化字。汉字高度h不应小于3.5mm,其字宽一般为h的$1/\sqrt{2}$。

1.汉字

看图1-5所示的长仿宋体汉字示例。

10号字

字体工整　　笔划清楚　　间隔均匀　　排列整齐

7号字

横平竖直　　注意起落　　结构均匀　　填满方格

5号字

技术制图机械电子汽车航空船舶土木建筑矿山井坑港口纺织服装

图1-5　长仿宋体汉字示例

2. 字母和数字

字母和数字写法有 A 型和 B 型两种。其中，A 型字体的笔画宽度(d)为字高(h)的 1/14，B 型字体的笔画宽度(d)为字高(h)的 1/10。

字母和数字可写成斜体或直体。斜体字字头向右倾斜，与水平基准线成75°。

ABCDEFGHIJKLMN
OPQRSTUVWXYZ

大写斜体

ABCDEFGHIJKLMN
OPQRSTUVWXYZ

大写直体

abcdefghijklmn
opqrstuvwxyz

小写斜体

abcdefghijklmn
opqrstuvwxyz

小写直体

3. 希腊字母示例

ΑΒΓΔΕΖΗΘΙΚ
ΛΜΝΞΟΠΡΣΤ
ΥΦΧΨΩ

大写斜体

$αβγδεζηθι$
$κλμνξοπρσ$
$τυφχψω$

小写斜体

4. 阿拉伯数字示例

1234567890

斜体

1234567890

直体

5. 罗马数字示例

Ⅰ Ⅱ Ⅲ Ⅳ Ⅴ Ⅵ Ⅶ Ⅷ Ⅸ Ⅹ

斜体

Ⅰ Ⅱ Ⅲ Ⅳ Ⅴ Ⅵ Ⅶ Ⅷ Ⅸ Ⅹ

直体

五、标题栏

每张图纸上都有标题栏，标题栏的位置在图纸的右下角，如图1-5所示。标题栏的内容、格式及尺寸，在《技术制图　标题栏》(GB/T 10609.1—2008)中已做了规定，如图1-6a)所示。

机械制图标题栏国家标准

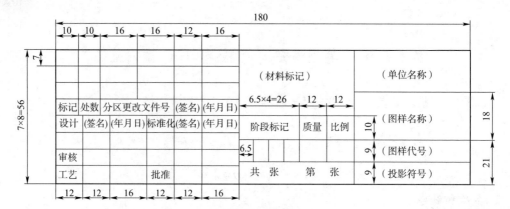

a)标题栏的标准格式

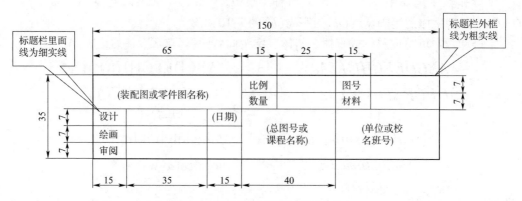

b)制图作业标题栏参考格式与尺寸

图1-6 标题栏的内容、格式及尺寸

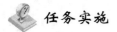 **任务实施**

一、任务准备

1. 组织方式

(1)场地设施:机械制图理实一体化教室(包含多媒体)。

(2)工具:绘图仪器、三角板、图板、图纸、机械制图习题集和智能手机。

(3)实施方式:将学生4~6人分为一组进行分组讨论。

2. 操作要求

(1)分析和表述问题逻辑清晰。

(2)语言表达流畅。

(3)逐步熟悉国家标准关于图幅、图线、比例、字体等的规定。

(4)熟悉使用云平台。

二、操作步骤

(1)如图1-1所示,指出图中筋板零件图所采用的图幅是哪一种规格?图框格式采用的是留装订边格式还是不留装订边格式？

（2）从零件图的标题栏中可以读到哪些信息？

（3）根据制图国家标准的规定，在图 1-1 筋板零件图上标注各图线线条的名称。

（4）完成机械制图习题集中的抄写汉字和数字等。

任务小结

初识机械制图国家标准中有关图幅、图线、比例、字体、标题栏的规定。进一步认识到机械制图是机械行业从业人员的标准语言。了解有关机械制图的国家标准，并在工作中使用制图这种标准语言。

学习任务 2 基本几何图形绘制

在 A4 图幅上按 1∶1 的比例绘制支架零件平面轮廓图形，如图 1-7 所示。

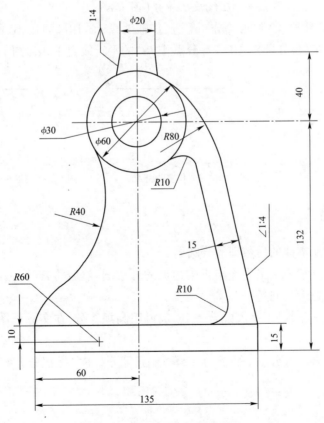

图 1-7 支架零件的平面轮廓图形

学习目标

(1) 能绘制常见基本集合图形;
(2) 能读懂并绘制支架零件轮廓图。
建议学时:4学时。

 知识准备

学习基本几何作图画法是为了提高绘图速度,也是每个初学者必须掌握、保证绘图质量的基本技能之一。

机件轮廓图形是由直线、圆弧和其他曲线组成的。

基本几何作图内容包括等分线段、等分圆周、斜度和锥度、椭圆画法以及圆弧连接等。

一、等分线段

等分线段就是将一已知线段均分成需要的份数。

若该线段能被等分数整除,可直接用三角板将其等分。如果不能整除,则可采用作辅助线的方法等分。

【例1-1】 试用辅助线法将 AB 线段 9 等分(图1-8)。

分析: 已知任意线段 AB 要求等分 9 等分,作辅助线 AC,用圆规在 AC 的延长线上取 9 等分(图1-9),连接 BC,再分别在 AC 各等分点作 BC 的平行线交于 AB(图1-10)。

图1-8 已知线段 AB　　图1-9 作辅助线 AC　　图1-10 辅助线法 9 等分任意线段 AB

二、等分圆周

将一圆均分成所需要的份数即等分圆周。

作正多边形的一般方法是先作出正多边形的外接圆,然后将其等分,因此,等分圆周的作图包含着作正多边形的问题。

作图时可以用三角板、丁字尺配合等分,也可用圆规等分,在实际作图时采用方便快捷的方法。

较常用的等分有三等分、六等分、十二等分、五等分(在实操部分介绍),下面分别予以介绍。

1. 三等分

用圆规作三等分的方法如下。

先画半径为 R 的外接圆,以圆的最上端为一个等分点,在该圆最下面一点为圆心,用半径 R 画弧交圆弧上两个交点即为另两个等分点,如图 1-11 所示。连接三个等分点。

圆的内接正三边形如图 1-12 所示。

圆的内接正四边形如图 1-13 所示。

 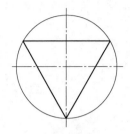 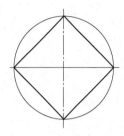

图 1-11　用圆规作图 3 等分　　图 1-12　作圆的内接正三边形　　图 1-13　作圆的内接正四边形

2. 圆内接正六边形画法

以 R 为半径画外接圆,分别以圆的最左端和最右端为圆心,用 R 为半径画弧交外接圆上各两点,这就是等分点,如图 1-14a) 所示。分别连接各点,如图 1-14b) 所示。

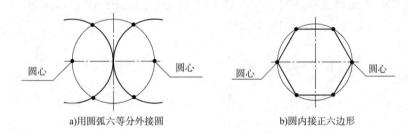

图 1-14　圆内接正六边形画法

三、斜度和锥度

图 1-15 所示为常见的钢材、和零件检验用的塞规。从图中可以看出,各形体的表面上均有斜面或锥面。作图时,除了要用图形表达其形状外,还要在图形上做必要的标注。

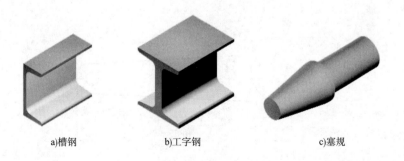

图 1-15　常见的钢材和塞规

1. 斜度

斜度指一条线(或平面)相对另一直线(或平面)的倾斜程度。

斜度的表示方法为两直线所夹锐角的正切值。

如图 1-16 所示，斜度 = $\tan\alpha = BC/AC$。表示斜度时，将比例前项划成 1，即写成 1：n 的形式。作图时选用与所注线段的倾斜方向一致的符号。斜度的符号表达规定如图 1-17 所示。

  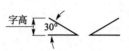

图 1-16　斜度的定义　　　图 1-17　斜度的符号表达示意图

2. 锥度

锥度指正圆锥的底圆直径与其高度之比。对于圆台，其锥度则为两底圆直径之差与圆台高度之比。锥度大小的表示：锥度 = $D/L = (D-d)/l$

表示锥度时，将比例前项划成 1，即写成 1：n 的形式，如图 1-18 所示。

锥度的符号规定表达如图 1-19 所示。

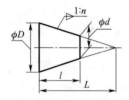 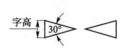

图 1-18　锥度表示方法　　　图 1-19　锥度符号表达示意图

注意：(1)要将锥度与斜度的概念相区别。

(2)理解图形中的尺寸 D、d 前所加字母 ϕ 的意义。

【例 1-2】　抄画扳手图样(图 1-20)。

解：对零件图形进行分析，可以看到它是由若干线段(直线或圆弧)连接而成，图形比较复杂。通过绘制这些机件的平面图形，学会各种圆弧连接方法。

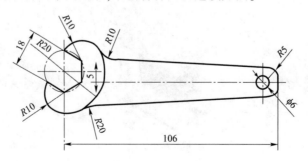

图 1-20　扳手零件图

四、圆弧连接

用一段圆弧光滑地连接相邻两已知线段(直线或圆弧)的作图方法称为圆弧连接。圆弧连接实质是几何要素间相切的关系。作图时需要解决两个问题：

(1)确定连接圆弧的圆心。
(2)准确定出切点(连接点)的位置。

圆弧连接的形式有三种：用圆弧连接两已知直线、用圆弧连接两已知圆弧、用圆弧连接直线和圆弧。

1. 用圆弧连接两已知直线

已知两直线 L_1、L_2，连接圆弧半径 R，如图 1-21a)所示，试作出连接，如图 1-21b)所示。

回顾直线与圆相切的关系：

(1)圆心到两条切线的距离相等即等于圆的半径；
(2)过圆心作切线的垂线，垂足即为切点如图 1-21b)所示。

2. 用圆弧连接两已知圆弧

用圆弧连接两已知圆弧作图依据的是几何中两圆相切的基本关系。

圆与圆相切分为内切和外切。内切相减，如图 1-22a)所示，外切相加，如图 1-22b)所示。

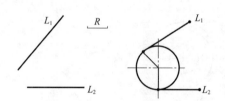

a)圆弧连接两直线　　b)用圆弧R连接两直线L_1、L_2

图 1-21　用已知圆弧光滑连接两已知直线 L_1、L_2

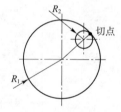 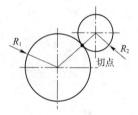

a)R_1圆与R_2圆内切　　b)R_1圆与R_2圆外切

图 1-22　圆与圆相切示意图

1)两圆内切

两圆中心距 A 等于两圆的半径之差：$A = R_1 - R_2$。

两圆心连线的延长线和圆的交点即是切点。

2)两圆外切

两圆中心距 A 等于两圆的半径之和：$A = R_1 + R_2$。

两圆心连线和圆的交点即是切点。

3. 用圆弧连接直线和圆弧

连接直线和圆弧的作图方法同前面介绍的两种连接情况类似，即分别按照连接直线和圆弧的方法求出圆心和切点。

连接作图的注意事项：

(1)为能准确、迅速地绘制各种几何图形，应熟练地掌握求圆心和切点的方法。

（2）为保证图线连接光滑，作连接圆弧前应先用圆规试画。若有误差，可适当调整圆心位置或连接圆弧半径大小。

五、平面图形的尺寸分析及画法

为了完成抄画图1-7支架零件的平面轮廓图形，必须对平面图形中的尺寸和线段进行分析，以便于确定绘制平面图形的步骤。

1. 平面图形的尺寸分析

平面图形中的尺寸按其作用不同，分为定形尺寸和定位尺寸（图1-23）。

（1）定形尺寸指确定平面图形上几何要素大小的尺寸，如线段的长度（80）、半径（$R18$）或直径（$\phi15$）大小等。

（2）定位尺寸指确定几何要素相对位置的尺寸，如图1-23中的70、50。

（3）尺寸基准指定位尺寸的起点。对平面图形而言，有长和宽两个不同方向的基准。通常以图形中的对称线、中心线以及底线、边线作为尺寸基准。

一般情况下，要在平面图形中绘制一段圆弧，除了要知道圆弧的半径外，还需要有确定圆心位置的尺寸。

从图1-24中可以看到，有的圆、圆弧有两个确定圆心位置的尺寸，如$R18$，而有的一个也没有，如$R30$。

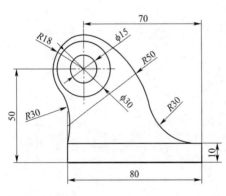

图1-23 平面图形的尺寸分析

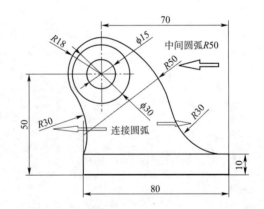

图1-24 平面图形的线段（圆弧）分析

按平面图形中圆弧的圆心定位尺寸的数量不同，将圆弧分为已知圆弧、中间圆弧和连接圆弧。

（1）已知圆弧。其圆心具有长和宽两个方向的定位尺寸，或者根据图形的布置可以直接绘出的圆弧，如图1-24中的$R18$所示。

（2）中间圆弧。中间圆弧的圆心只有一个方向的定位尺寸，作图时要依据该圆弧与已知圆弧相切的关系确定圆心的位置，如图1-25的$R50$所示。

（3）连接圆弧。连接圆弧没有确定圆心位置的定位尺寸，作图时是通过相切的几何关系确定圆心的位置，如图1-25中的$R30$（两处）所示。

2. 平面图形的绘图步骤

根据上面的分析,平面图形的绘图步骤可归纳如下:
(1) 画基准线、定位线,如图 1-25a) 所示。
(2) 画已知线段,如图 1-25b) 所示。
(3) 画中间线段,如图 1-25c) 所示。
(4) 画连接线段,如图 1-25d) 所示。
(5) 经检查、整理后加深图线。

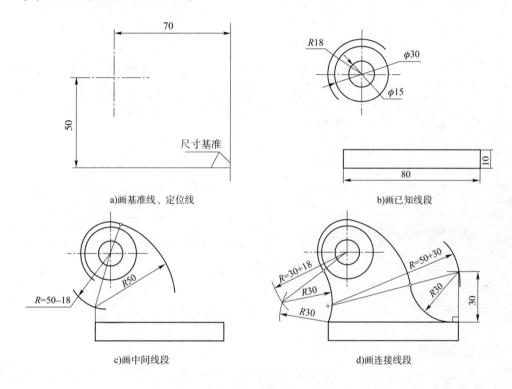

图 1-25　平面图形的作图步骤

六、平面图形的尺寸注法

平面图形尺寸的基本要求是:正确、齐全、清晰。标注尺寸步骤如下。
(1) 分析图形各部分的组成,确定长、宽方向的尺寸基准,如图 1-26a) 所示。
(2) 标注定形尺寸。不宜标注定形尺寸的场合,如图 1-26b)、c) 所示。
(3) 标注定位尺寸。图 1-26d) 所示为连接圆弧以及按圆周分布的圆其定位尺寸标注示例。

标注平面图形尺寸的注意事项:
(1) 尺寸标注应符号国家标准的有关规定。
(2) 为方便看图,尺寸数字应注写清晰且排列要整齐。
(3) 图形中通过计算可确定的尺寸则不需标注。

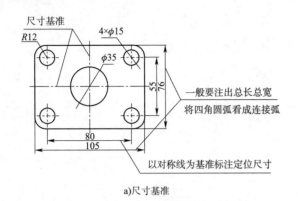
a) 尺寸基准

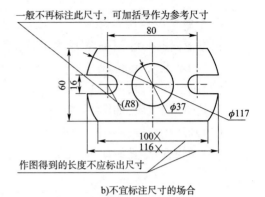
b) 不宜标注尺寸的场合

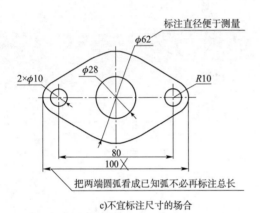
c) 不宜标注尺寸的场合

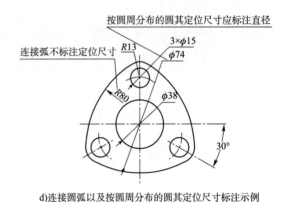
d) 连接圆弧以及按圆周分布的圆其定位尺寸标注示例

图 1-26　尺寸标注

任务实施

一、任务准备

1. 组织方式

(1) 场地设施：机械制图理实一体化教室（包含多媒体）。

(2) 工具：绘图仪器、三角板、图板、图纸、机械制图习题集和智能手机。

(3) 实施方式：将学生 4~6 人分成一组进行分组讨论。

2. 操作要求

(1) 分析和表述问题逻辑清晰。

(2) 语言表达流畅。

(3) 能画几何图形。

(4) 熟悉使用云平台。

二、操作步骤

(1) 思考怎么做圆内接正十二边形，并画在图纸上。

(2)在习题集里完成:画圆内接正五边形。

方法步骤:正五边形作图步骤如图1-27所示。

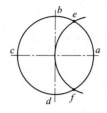
a)以a点为圆心R为半径画弧交外接圆上e、f两点

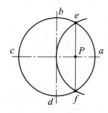
b)连接ef即为半径的中点P

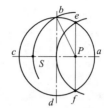
c)以P为圆心,Pb为半径交点S

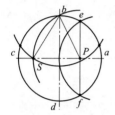
d)bs即为五边形的边长

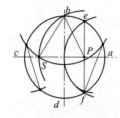
e)以b为圆心找等分点

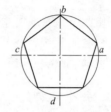
f)相继找另外二个等分点

图1-27 正五边形作图步骤

(3)参照下面的图例,用给定的半径R作圆弧连接。已知半径R光滑连接两直线(图1-28)。

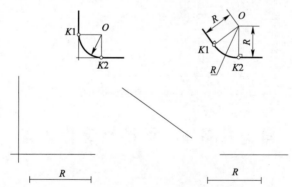

图1-28 连接两直线

(4)在A4幅面图纸上按1∶1比例完成图1-7支架抄画。

 任务小结

通过学习等分画法;圆内接正n边形;用已知圆弧光滑连接两已知直线、连接两已知圆(内切、外切、内外切)、连接已知直线和已知圆;斜度、锥度的画法及标注;能分析复杂几何图形并能绘制基本平面几何图形;尺寸标注等画法。达到能快速、准确绘制平面几何图形,并打好机械制图的基本功。

项目二　点、直线、平面图投影

 项目概述

　　点、直线和平面构成平面物体的表面，它们是最基本的几何要素。要研究物体的几何形状，应首先从研究物体表面上点、直线、平面的投影开始。本项目涉及投影基本知识，研究点、直线和平面的投影规律，掌握其投影作图的方法。

 主要学习目标

1. 能力目标

能分析物体表面的几何要素，用正投影作出物体上点、直线、平面的投影。

2. 知识目标

(1) 掌握正投影的投影特征及三视图的投影规则；
(2) 能分析点、直线、平面的正投影特点与规律。

3. 职业素养目标

培养认真细致、严谨的工作作风。

学习任务 1　正投影规律认知

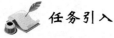 **任务引入**

　　绘制图 2-1 所示的筋板的三视图。筋板是典型的简单平面立体。什么是三视图？如何来绘制？这就需要我们学习正投影的基本知识、三视图的组成及投影规则。

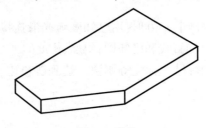

图 2-1　筋板

学习目标

(1)通过本任务的学习,掌握正投影的投影特性;
(2)理解三视图的形成及其投影规律;
(3)能正确理解三视图中的各个视图所表达的空间方位关系。
建议学时:2 学时。

 知识准备

一、正投影法

1. 投影法概念

将投射线通过物体,向选定的平面投射,并在该平面上得到图形的方法称为投影法。根据投影法所得到的图形称为投影图(投影);投影法中得到投影的平面称为投影面。故投影有三要素:分别是光源(投射线)、物体和投影平面。

按光源不同,投影法分为中心投影法(图2-2)和平行投影法(图2-3)两类。用相互平行的投射线对物体进行投影的方法称为平行投影法。平行投影法又按投射线是否与投影面垂直,分为正投影法和斜投影法。其中,正投影法(简称正投影)是国家机械制图所使用的方法。在机械制图课程中。依据投影法原理绘制的物体图形称为视图。

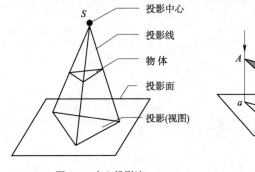

图2-2 中心投影法　　　　　图2-3 平等投影图

2. 正投影法的投影特性

机械制图中采用正投影法是因为正投影法的投影特性,物体的正投影具有如下特性。

1)实形性

当物体上的直线(或平面)平行于投影面时,其投影为反映实长的直线(实形)。

2)积聚性

当物体上的直线(或平面)垂直投影面时,其投影积聚成一点(成一条直线)。

3)类似性

当物体上的直线(或平面)倾斜于投影面时,其投影为缩短的直线(类似形)。

4)平行性

物体上两平行直线的投影必平行。

5)从属性

物体直线上的点,其投影必在该直线的投影上,且分线段的比值在投影前后保持不变。物体某一平面上的点(或直线),其投影必在该平面的投影上。

二、三视图的组成

1. 物体三视图的形成及投影规律

图 2-4 所示为三个不同的物体,用图示箭头方向投影时,三个物体的视图完全一样。说明物体仅用一个方向的视图表示时,并不能准确表达其空间形状,解决方法就是增加物体不同方位的视图,通过物体的多视图全面准确地反映物体的形状。

2. 三投影面体系与三视图的形成

图 2-5 所示为三个投影面组成的三投影面体系,三个投影面分别称为正投影面(V 面)、水平投影面(H 面)、侧投影面(W 面),三个投影面相

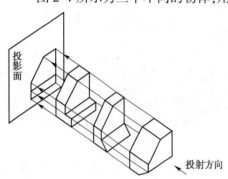

图 2-4 单一视图不能确定空间形状

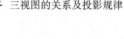

三视图的关系及投影规律

互垂直。三个投影面两两垂直相交必有三条相互垂直的交线和一个交点,为了分析物体正投影规律的需要,引入空间直角坐标系,具体规定如图 2-6 所示。

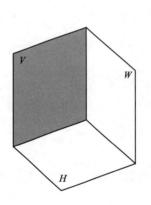

图 2-5 三投影面体系

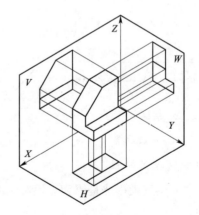

图 2-6 三面投影体系与三视图的形成

将物体置于三投影面体系当中的某一位置,分别从物体前、左、上方将物体向 V、W、H 面进行投影,分别形成物体的正面投影(主视图)、水平投影(俯视图)和侧面投影(左视图)。

物体投影后形成的三个投影是在空间的三个投影平面上,为了在一张图纸上画出物体的各个视图,需要将三个投影面按一定的规律展开到一个平面上。

三投影面展开到同一平面的规律如下:V 面位置保持不动,W 面绕 Z 轴向右后转 90°与 V 面共面,H 面绕 X 轴向下后转 90°与 V 面共面。这样将三个方向物体的投影展成同一平面

上的三个视图。如图 2-7d)所示,水平投影(俯视图)在正面投影(主视图)的正下方,侧面投影(左视图)在正面投影的正右方。

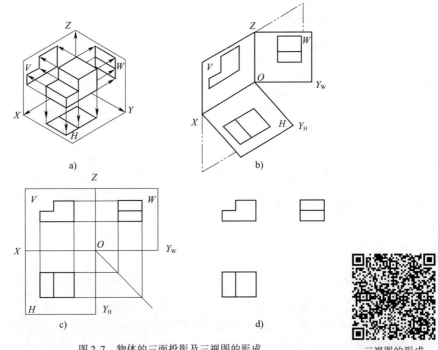

图 2-7 物体的三面投影及三视图的形成

三视图的形成

3. 三个视图之间的投影规律

物体三视图的形成及其展开过程表明,主视图与俯视图都反映物体的长度,因此有:主视图与俯视图长对正;主视图与左视图都反映物体的高度,因此有:主视图与左视图高平齐;左视图与俯视图都反映物体的宽度,因此有:左视图与俯视图宽相等。即物体的各视图之间的正投影规律简述为"长对正、高平齐、宽相等",如图 2-8 所示。

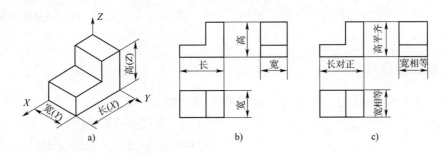

图 2-8 三视图的投影规律

4. 三个视图所反映的方位关系(图 2-9)

在三投影面体系中,站在物体的前面,相对观察者而言,物体有前、后、左、右、上、下 6 个方位。

主视图反映物体的上下和左右关系;俯视图反映物体的前后和左右关系;左视图反映物体的前后和上下关系。

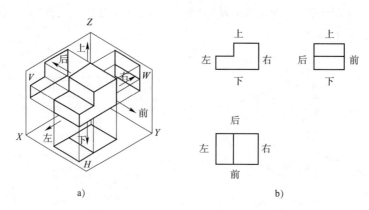

图 2-9 三个视图的方位关系

任务实施

一、任务准备

1. 组织方式

(1) 场地设施:机械制图理实一体化教室(包含多媒体)。

(2) 工具:绘图仪器、三角板、图板、图纸、机械制图习题集和智能手机。

(3) 实施方式:将学生 4~6 人一组进行分组讨论。

2. 操作要求

(1) 分析和表述问题逻辑清晰。

(2) 语言表达流畅。

(3) 能描述正投影原理及三视图的形成。

(4) 熟悉使用云平台。

根据三视图的知识,画出筋板的三视图,在画三视图前应注意对筋板的表面进行分析,定好摆放的位置。

二、操作步骤

(1) 如图 2-10 所示,按选择好的摆放位置,画出主视图。

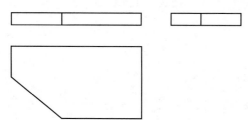

图 2-10 画筋板三视图

(2) 画出左视图或俯视图。

(3) 画第三个视图。在画视图的过程中时刻注意投影规律的约束。

筋板是简单的平面立体,其表面的几何要素有点、直线和平面。绘制该立体的三视图应该选择最方便的摆放位置,作出立体表面全部几何要素的三面投影,按所学的点、直线和平面的投影方法,个人独立完成其三视图的绘制。可相互讨论,注意该立体表面几何要素的特点,正确理解其三视图的内容及含义。

 任务小结

机械图样中的三视图是按正投影的方法画出的视图，必须遵守"长对正、高平齐、宽相等"的投影规律，同时注意每个视图表达的方位关系。

学习任务 2　点投影作图

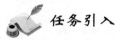 **任务引入**

物体的表面存在无穷多个点(空间点)，点的空间形状是一个点，小到不可测量，其投影是平面上的一个点。点的投影是最基本的几何要素的投影，作出图 2-11a)中 4 个顶点的三面投影。

 学习目标

加深对三视图投影规律的理解，为掌握立体的投影打好基础。
建议学时：2 学时。

 知识准备

一、点的投影规律

如图 2-11 所示，将三棱锥置于三投影面体系中，仅将三棱锥顶点 S 分别从三个不同方向向各投影面投影，得到 S 点的三个投影 s、s' 和 s''。按要求将各投影面展开到同一平面上，从图 2-11c)中可看出点的各投影之间有如下规律：

点投影

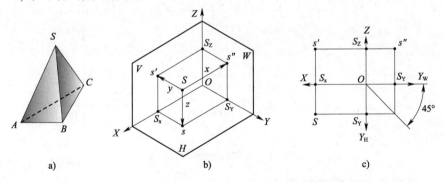

图 2-11　点的三面投影

(1) 空间 S 点的 V 面投影 s' 与 H 面投影 s 的连线垂直于 OX 轴，即 $ss' \perp OX$ 轴。

(2) 空间 S 点的 V 面投影 s' 与 W 面投影 s'' 的连线垂直于 OZ 轴，即 $s's'' \perp OZ$ 轴。

(3) 空间 S 点的 W 面投影 s'' 到 OZ 轴的距离等于水平投影 s 到 OX 轴的距离，即 $s''S_Z = sS_X$。

二、点的各面投影与直角坐标之间的关系

在三投影面体系中,点在空间的位置由点到三个投影面的距离确定,而三个距离正好反映的是空间 S 点的 X、Y 和 Z 坐标(图2-12)。

(1)点到 V 面的距离为 $Ss' = s''S_Z = sS_X$ = 点的 Y 坐标。

(2)点到 H 面的距离为 $Ss = s'S_X = s''S_Y$ = 点的 Z 坐标。

(3)点到 W 面的距离为 $Ss'' = sS_Y = s'S_Z$ = 点的 X 坐标。

点的正面投影反映空间点的 X、Z 坐标;点的水平投影反映空间点的 X、Y 坐标;点的侧面投影反映空间点的 Y、Z 坐标。点的任意两个投影均包含空间点的三个坐标,故只要知道点的两面投影,均可按点的投影规律求出第三面投影。

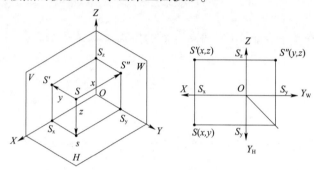

图 2-12 点投影与直角坐标的关系

【例 2-1】 已知空间点 S 的坐标:S(21,12,14)。求作 S 点的三面投影。

分析:已知 S 点的三个坐标,便可根据其中两个坐标分别作出点的各面投影。

作图步骤:如图 2-13 所示。

(1)画两条垂直相交的细实线,代表展开后的三根坐标轴,交点为坐标原点 O,从 O 点向左量取 21,得 s_x。

(2)过 s_x 作 OX 轴的垂线,在此垂线上向下量取 12 得 s 点;向上量取 14 得 s′点。

(3)由 s、s′作 45°辅助线求出 s″点或根据 S 点的 Y、Z 坐标直接求出 s″。

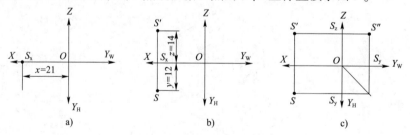

图 2-13 已知点的坐标作投影图

三、空间两点间的相对位置

空间两点间的相对位置可由其同面投影的坐标大小来判断。如图 2-14 所示,R 点的 Z 坐标大于 S 点,说明 R 点在上,S 点在下;S 点的 X 坐标大于 R 点,说明 S 点在左,R 点在右;S 点的 Y 坐标大于 R 点,说明 S 点在前,R 点在后。

点、直线、平面图投影 项目二

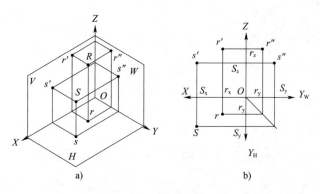

图 2-14 空间点的相对位置

在图 2-15 中，R 和 S 点 X、Y 坐标值相等，只有 Z 坐标不同，且 R 点的 Z 坐标大于 S 点的 Z 坐标，两点在 H 面上的投影重叠，即水平面上同一点是空间两个点的投影。在这种情况下要求将 S 点的水平投影加上括号 (s)，以区别空间点 R、S 的上下相对位置。

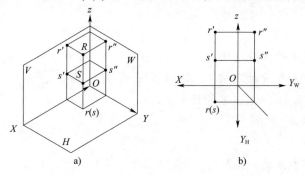

图 2-15 两点的相对位置

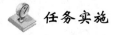

一、任务准备

1. 组织方式

(1) 场地设施：机械制图理实一体化教室（包含多媒体）。

(2) 工具：绘图仪器、三角板、图板、图纸、机械制图习题集和智能手机。

(3) 实施方式：将学生 4~6 人分成一组进行分组讨论。

2. 操作要求

(1) 分析和表述问题逻辑清晰。

(2) 语言表达流畅。

(3) 能在三视图中画空间点的投影。

(4) 熟悉使用云平台。

分析三棱锥中 4 个顶点的不同位置，注意在 H 面上的 A、B、C 点（特殊位置点）的三面投影的共同点与 S 点（空间一般位置点）投影的区别。

二、作图步骤

依次作出各顶点的三面投影。

任务小结

点的投影是最基本、最简单的几何要素的投影,注意"对正、平齐、相等"投影规律在点的三面投影中的表现,特别注意空间点的表达方式和点在三面投影的表达方式的规定,不能混淆。

学习任务3　直线投影作图

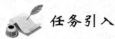**任务引入**

平面立体表面任意两点的连线为一直线段,这种直线称为空间直线,直线的投影就是将空间直线向三个投影面同时进行投影,所画出的图形就是空间直线的三视图。作出图2-11a)中 SA、BC 及 AB 三条直线的投影。

学习目标

能作出任意空间直线的三面投影,并根据其投影判断其空间直线的种类。
建议学时:4学时。

知识准备

直线的投影一般情况下仍是一直线,只有当直线垂直于某一投影面时,其投影为一个点。其三视图的作图方法是:先分别作出直线两端点的三面投影,再用粗实线分别连接两端点的同名投影。

根据平面立体表面的直线与投影面之间的相对位置,将直线分为三种:投影面的垂直线、平行线和一般位置直线,前两种位置直线又称为特殊位置直线。

一、投影面的垂直线

空间直线垂直于一个投影面,与另外两投影面平行的直线称为投影面的垂直线。按其垂直的投影面给了不同的名称,其三视图及投影特性见表2-1。

【例2-2】　空间直线 AB 是一正垂线,已知直线的正面投影 $a'(b')$、A 点的水平投影 a 及 AB = 20,求作 AB 直线的另外两视图。

分析:已知直线 AB 为正垂线和其正面投影 $a'(b')$,说明直线在 V 面上具有积聚性,且 A 点在 B 点之前,AB 直线的水平投影应平行于 OY_H 轴,侧面投影平行于 OY_W 轴。又已知 A 点的水平投影 a,说明 AB 直线的空间位置唯一确定。

点、直线、平面图投影 项目二

投影面垂直线   表2-1

垂直线	物体的三视图	物体上垂直线的三视图	投 影 特 性
铅垂线			1. 水平投影积聚成一点 $a(c)$。 2. 正面投影和侧面投影都平行 OZ 轴，且反映实长
正垂线			1. 正面投影积聚成一点 $a'(b')$。 2. 水平投影平行 OY_H 轴，侧面投影平行 OY_W 轴，且都反映实长
侧垂线			1. 侧面投影积聚成一点 $a''(d'')$。 2. 水平投影和正面投影平行 OX 轴，且都反映实长

作图步骤(图2-16)：

(1) 连接 aa'，过 a 作 OY_H 轴的垂线延长与45°辅助线相交，再向 OY_W 轴作垂线并延长，同时过 a' 向右作水平线，两条作图线相交便可确定 a'' 点。

(2) aa' 线上从 a 点向上量取20确定 b 点。

(3) 由 b 和 b' 点确定 b''，连接 ab 与 $a''b''$ 即为 AB 的另两面投影。

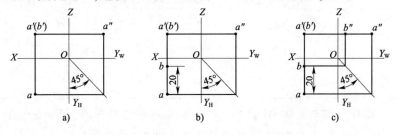

图2-16 根据已知条件作正垂线的另外两视图

二、投影面的平行线

空间直线平行于一个投影面,与另外两投影面倾斜的直线称为投影面的平行线。按空间直线平行的投影面不同而给予其不同的名称,其三视图及投影特性详见表2-2。

投影面平行线与 H、V、W 面之间的倾角分别用 α、β、γ 表示。

投影面平行线和投影   表2-2

平行线	物体的三视图	物体上平行直线的三视图	投 影 特 性
水平线	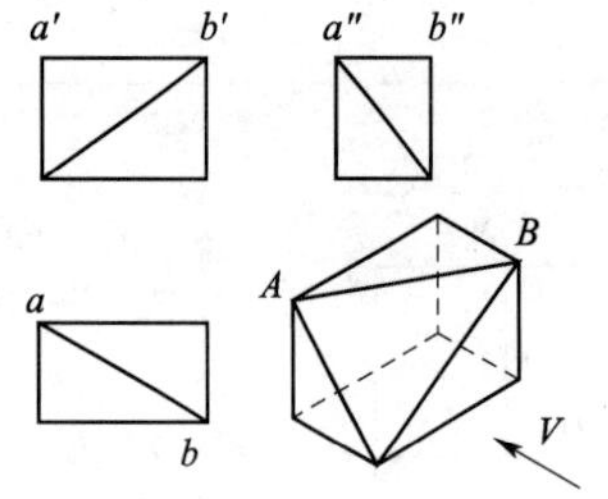	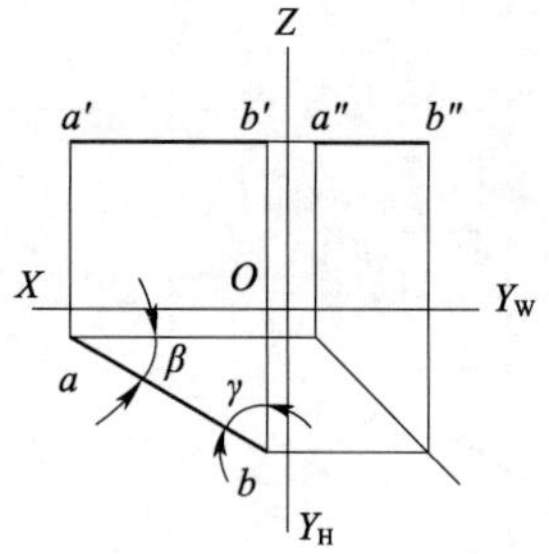	1. 在 H 面投影反映实长,其与 OX 轴夹角 β 反映 AB 对 V 面倾角,其与 OY_H 轴夹角 γ 反映 AB 对 W 面倾角。 2. 正面投影∥OX 轴,侧面投影∥OY_W 轴,均为缩短了的直线
正平线	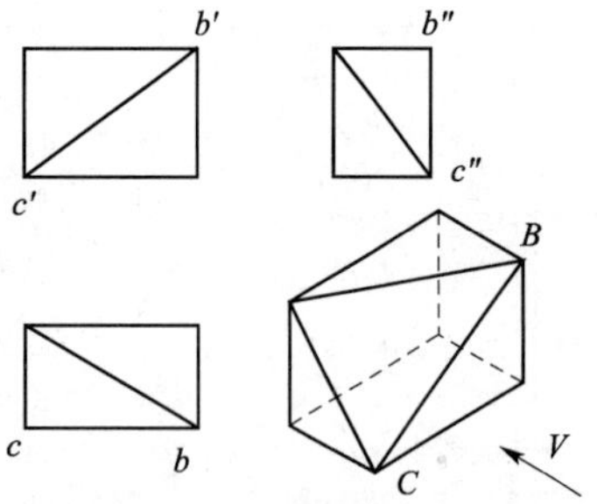	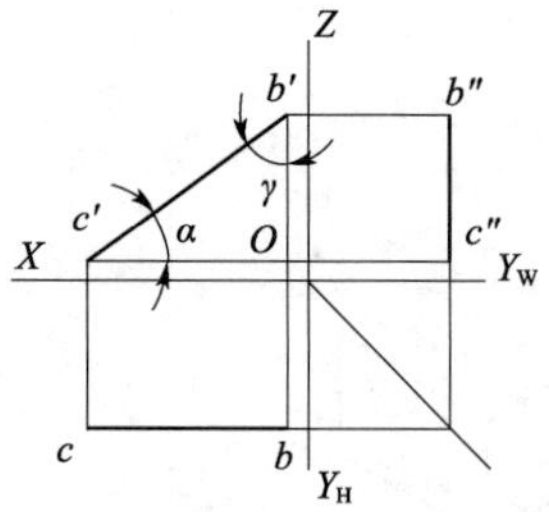	1. 在 V 面投影反映实长,其与 OX 轴夹角 α 反映 BC 对 H 面倾角,其与 OZ 轴夹角 γ 反映 BC 对 W 面倾角。 2. 水平投影∥OX 轴,侧面投影∥OZ 轴,均为缩短了的直线
侧平线	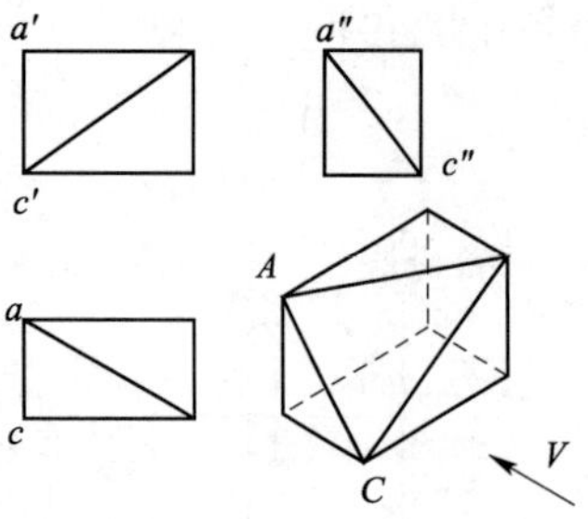	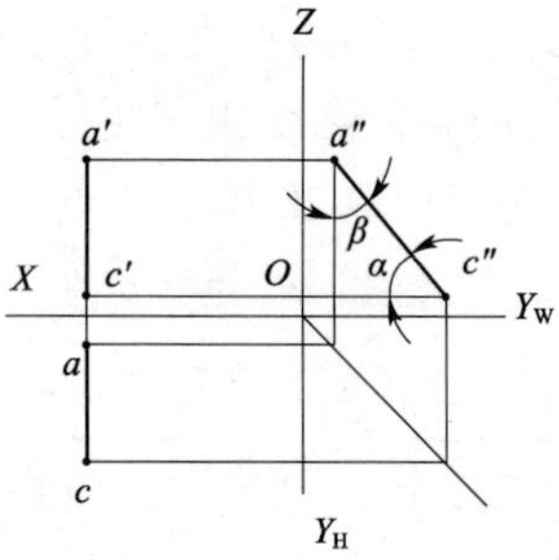	1. 在 W 面投影反映实长,其与 OZ 轴夹角 β 反映 AC 对 V 面倾角,其与 OY_W 轴夹角 α 反映 BC 对 H 面倾角。 2. 水平投影∥OY_H 轴,正面投影∥OZ 轴,均为缩短了的直线

【例2-3】 已知一水平直线 AB 长15,与 V 面、W 面倾角分别为30°和60°,A 点的 a、a' 如图中位置所示,且 A 点在 B 点之后,要求作图画出直线 AB 的三面投影。

分析：AB 为水平线，必平行 H 面，在 H 面上反映实形，$ab=15$，在 V 面上的投影应是平行 OX 轴的缩短直线，在 W 面上投影为平行 OY_W 轴缩短直线。同时根据对 V、W 倾角可唯一确定水平投影的位置。

作图步骤（图 2-17）：

(1) 据 a、a' 确定 a''。从 a 出发作与 OX 轴成 $30°$ 斜直线，定长为 15，确定 b 点，故 AB 的水平投影确定，如图 2-17a) 所示。

(2) 据 b 点确定 b' 和 b''，如图 2-17b) 所示。

(3) 连接 $a'b'$ 两点确定 AB 的正面投影，连接 $a''b''$ 点确定 AB 的侧面投影，如图 2-17c) 所示。

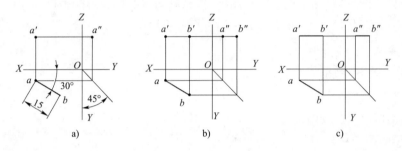

图 2-17 根据已知条件确定直线的三面投影

1. 一般位置直线

空间直线与三个投影面都倾斜称为一般位置直线。这种直线的投影特点是：在三个投影面中的投影为缩短了的直线，直线上的任意两个点的 X、Y、Z 坐标都不相等（图 2-18）。

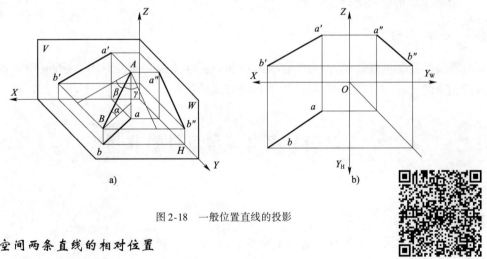

图 2-18 一般位置直线的投影

一般位置直线投影

2. 空间两条直线的相对位置

两直线在空间的相对位置有三种：平行、相交和交叉。

(1) 空间两条相互平行的直线，其同面投影必平行。反之若两直线的各同名投影均平行，则空间两直线必平行。

(2) 空间两条直线相交，其同面投影必相交，两空间直线的交点必在两直线的同面投影的交点上，且交点符合点的投影规律。

(3)空间两条直线交叉,在空间没有交点,其同面投影可能相交也可能不相交,但同面投影的交点不符合点的投影规律。

任务实施

一、组织方式

1. 组织方式

(1)场地设施:机械制图理实一体化教室(包含多媒体)。

(2)工具:绘图仪器、三角板、图板、图纸、机械制图习题集和智能手机。

(3)实施方式:将学生4~6人分成一组进行分组讨论。

2. 操作要求

(1)分析和表述问题逻辑清晰。

(2)语言表达流畅。

(3)能描述线的投影规律。

(4)熟悉使用云平台。

在作投影前,先分析三条直线的空间位置,正确判断它们各是哪种位置的直线,再按先作出直线两端点的三面投影,然后依次连接同名投影的方法作图。

二、作图步骤

依次作出指定三条直线的投影。

任务小结

直线的投影虽然简单,但对于正确理解和分析立体的三面投影很有帮助,理解各类位置直线投影的特点,并能根据直线的投影判断直线的位置。

学习任务4 平面投影作图

任务引入

平面的投影是机械零件投影的重要内容,也是立体投影的基础。作出图2-11a)图中三棱锥四个外表面的三面投影。

学习目标

能正确作出任意平面的三面投影,并能根据平面的投影判断平面的种类。

建议学时:2学时。

知识准备

一、表示空间平面的方法

（1）不在同一直线上的三点。

（2）直线及直线外一点。

（3）两条相交直线。

（4）两条平行直线。

（5）任意平面形表达法及用平面迹线表示空间平面。

空间平面相对各投影面的位置也有三种：投影面的平行面、垂直面和一般位置平面。前两者位置平面称为特殊位置平面。

侧平面的投影

二、投影面的平行面

这是最特殊位置的平面，按其所平行的投影面又分为三种，其三视图及投影特性见表2-3。

投 影 面 平 行 面　　　　　　　　　　　表2-3

平行面	物体的三视图	物体上平行平面的三视图	投 影 特 性
水平面			1. 水平投影反映实形。 2. 正面投影积聚成一平行 OX 轴直线，侧面投影积聚成一平行 OY_W 轴直线
正平面			1. 正面投影反映实形。 2. 水平投影积聚成一平行 OX 轴直线，侧面投影积聚成一平行 OZ 轴直线
侧平面			1. 侧面投影反映实形。 2. 正面投影积聚成一平行 OZ 轴直线，水平投影积聚成一平行 OY_H 轴直线

三、投影面的垂直面

投影面的垂直面指垂直某一投影面并与另外两投影面倾斜的空间平面。按其所垂直的投影面又分为三种,其三视图及投影特性见表 2-4。

侧垂面投影

投 影 面 垂 直 面　　　　表 2-4

垂直面	物体的三视图	物体上垂直平面的三视图	投 影 特 性
铅垂面			1. 水平投影积聚成直线,β、γ 分别反映平面对 V 面和 W 面倾角。 2. 正面与侧面投影为空间平面类似形
正垂面			1. 正面投影积聚成直线,α、γ 分别反映平面对 H 面和 W 面倾角。 2. 水平与侧面投影为空间平面类似形
侧垂面			1. 侧面投影积聚成直线,β、α 分别反映平面对 V 面和 H 面倾角。 2. 正面与水平投影为空间平面类似形

四、一般位置平面(图 2-19)

一般位置平面指三投影面体系中与三个投影面均倾斜的平面,其在三个投影面上的投影是空间平面形状的类似形。一般位置平面上存在无限多条投影面平行线和一般位置直线,但不存在投影面垂直线。

点、直线、平面图投影 项目二

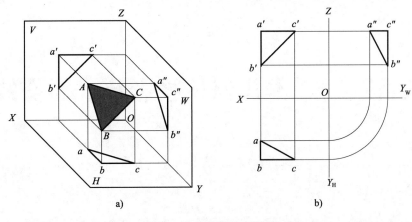

图 2-19 一般位置平面的投影

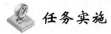

一、任务准备

1. 组织方式

(1) 场地设施:机械制图理实一体化教室(包含多媒体)。
(2) 工具:绘图仪器、三角板、图板、图纸、机械制图习题集和智能手机。
(3) 实施方式:将学生4~6人一组进行分组讨论。

2. 操作要求

(1) 分析和表述问题逻辑清晰。
(2) 语言表达流畅。
(3) 逐步熟悉使用绘图工具。
(4) 熟悉使用云平台。

在作三棱锥外表面的投影前,先分析各表面应该是哪种位置的平面,投影大概形状,各面投影体现的是哪种性质(积聚性、类似性还是全等性),做到心中有数。

二、作图步骤

为表达清楚,建议各表面的投影分开作,依次作出四个表面的三面投影。

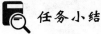

正确理解立体表面各几何要素在每个视图上投影及其特点,为立体三视图在学习打好基础。

项目三　基本几何体投影及表面交线

 项目概述

　　汽车零件都可以看成是由若干基本几何体组合而成的。基本几何体有平面体和曲面体两大类。平面体：就是构成这个立体的每个表面都是平面的，如棱柱、棱锥；曲面体：就是构成这个立体的表面至少有一个是曲面，常见的曲面体为回转体，如圆柱体、圆锥、圆球等，如图 3-1 所示。

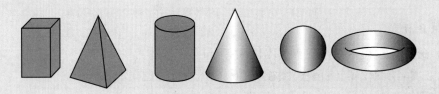

图 3-1　基本几何体示意图

　　工程上常见的零件形体多数具有立体被平面切割所形成的截交线，或两立体相交而形成的相贯线。

　　为了正确、快捷地绘制好汽车零件、部件图，有必要学习基本几何体的投影画法、立体表面上点的投影作图、截交线和相贯线的画法。

 主要学习目标

1. 能力目标

(1) 能正确绘制基本几何体的投影；

(2) 能准确找出立体表面上点的投影；

(3) 能正确绘制平面切割基本几何体后的截交线；

(4) 能正确绘制两立体相交后的相贯线。

2. 知识目标

(1) 学习基本几何体的投影及立体表面上点、线的投影；

(2) 学习截交线及相贯线的画法。

3. 职业素养目标

　　培养细致观察、认真、严谨的工作作风，并能在工作中遵守相关国家标准。

基本几何体投影及表面交线 项目三

学习任务1　平面体投影及其表面上点投影作图

任务引入

为了学会绘制汽车零件图,要学习基本几何体的绘制,如图3-2所示,请同学们根据已有的两视图,补画第三视图,并作出立体表面上点 M、N 的另两个投影。

**学习目标**

(1)能画出平面体的三面投影视图;
(2)能作出平面体表面上的点的投影。
建议学时:2学时。

知识准备

平面体常见的有棱柱、棱锥。立体的投影,实质上是构成该体的所有表面的投影总和。

图3-2　平面体投影作图

一、棱柱

棱柱常见的有三棱柱、四棱柱、五棱柱和六棱柱。

如图3-3所示,正六棱柱的组成:由一个顶面、一个底面和六个侧棱面组成。顶面和底面为相互平行的正六边形,六个侧棱面均为矩形,侧棱面与侧棱面的交线称为侧棱线,侧棱线相互平行。下面以正六棱柱为例来分析其投影特性和作图方法。

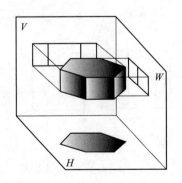 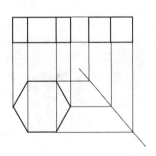

图3-3　正六棱柱的投影

1. 投影分析

六棱柱的顶面与底面均为水平面,在俯视图中反映实形。前后两侧棱面是正平面,其余四个侧棱面是铅垂面,它们的水平投影都积聚成直线,与六边形的边重合。

2. 作图步骤

(1) 均匀布图,画中心线、对称线和作图基准线。
(2) 画俯视图,圆外接正六边形(六棱柱的顶面和底面在 H 面的投影)。
(3) 确定正六棱柱的高,根据投影关系"长对正"的投影关系画出主视图。
(4) 根据"高平齐""宽相等"的投影关系画出左视图。
(5) 检查并描深图线,完成作图。

3. 棱柱表面上点的投影

在立体表面上取点,如同在平面上取点。如图 3-4 所示,已知棱柱表面上点 M 的主视图投影 m',求另二个投影面上的投影 m 和 m''。

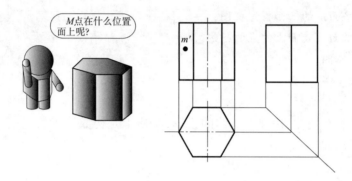

图 3-4　正六棱柱表面上取点

分析: M 点在什么位置面上呢? 根据点的投影规律,M 点可见,在侧棱面上而且是前面,如图 3-5 所示。根据"长对正"的投影关系,铅垂面在水平投影面上反映积聚性。得到 M 点的水平投影 m。前面也学过了,一个空间点的投影知道了二个投影面的投影 m' 和 m,第三个投影面的投影 m'' 就水到渠成了,因为铅垂面在左视图上可见,所以 m'' 也可见,如图 3-5 所示。

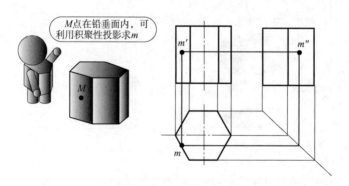

图 3-5　正六棱柱表面上 M 点的投影

二、棱锥

棱锥立体的特点是:所有的棱线交于一点(锥顶)。常见的有三棱锥、四棱锥、五棱锥。

下面以图 3-6 所示的三棱锥为例来分析其投影特征和作图方法。

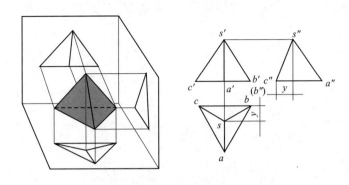

图 3-6　正三棱锥的三视图投影

1. 投影分析

三棱锥由一个底面（△ABC）和三个侧棱面组成，侧棱线交于有限远的一点——锥顶 S。三棱锥处于图示位置时，其底面△ABC 是水平面，在俯视图上反映实形，在主视图和左视图上的投影为一条直线，反映其投影的积聚性。侧棱面△SCB 为侧垂面，在左视图上积聚成一条直线。另两个侧棱面为一般位置平面，在三个投影面上反映的都是类似性。

2. 作图步骤

（1）均匀布图，先画中心线、对称线以及锥顶 S 的投影。

（2）画俯视图：底面△ABC 和锥顶 S 的投影。

（3）根据"长对正、宽相等、高平齐"的投影关系画出 A、B、C、S 点的三视图投影，然后连接锥顶 S 至△ABC 各顶点的投影，即得到各棱线的投影，正三棱锥的三视图投影如图 3-6 所示。

3. 三棱锥表面上点的投影

已知正三棱锥表面上点 M 的正面投影 m'，求另二个投影面上的投影 m 和 m''，如图 3-7 所示。

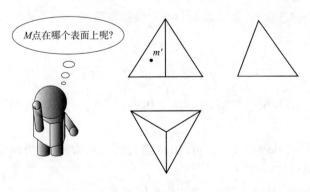

图 3-7　求点 M 点的投影

辅助线法:根据点在线上,则该点的投影必在直线的同面投影上。由锥顶 S 过 M 点作辅助线 SD 的投影,如图 3-8a)所示。在辅助线 SD 上取 M 点,如图 3-8b)所示。

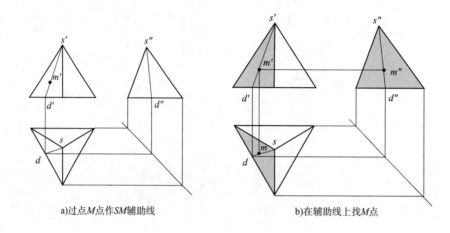

a)过点M点作SM辅助线　　　　　b)在辅助线上找M点

图 3-8　正三棱锥表面上点的投影:辅助线法

任务实施

一、任务准备

1. 组织方式

(1)场地设施:机械制图理实一体化教室(包含多媒体)。
(2)工具:绘图仪器、三角板、图板、图纸、机械制图习题集和智能手机。
(3)实施方式:将学生 4~6 人分成一组进行分组讨论。

2. 操作要求

(1)分析和表述问题逻辑清晰。
(2)语言表达流畅。
(3)能画平面体的三视图,立体表面上点的投影作图。
(4)熟悉使用云平台。

二、操作步骤

(1)如图 3-2 所示,补画三视图,并作出立体表面上点 M、N 的另两个投影(作图时保留辅助线)。
(2)如图 3-9 所示,补画三视图,并作出立体表面上点 M、N 的另两个投影(作图时保留辅助线)。
(3)如图 3-10 所示,补画三视图,并作出立体表面上点 M、N 的另两个投影(作图时保留辅助线)。

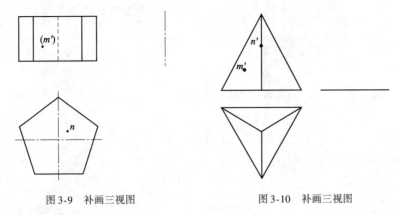

图 3-9　补画三视图　　　　　图 3-10　补画三视图

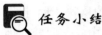 任务小结

基本几何体中平面体的投影，依然要遵循正投影原理，根据"长对正、高平齐、宽相等"的投影关系画图。求立体表面上点的投影：先分析这个空间点在哪个表面上，然后再展开找点的投影。方法有辅助线法，再在辅助线上找点的投影，有时要利用积聚性来分析与判断某个点的另两个投影面的投影。

学习任务2　曲面体投影及其表面上点投影作图

 任务引入

如图 3-11 所示，补画三视图，并作出立体表面上点 M、N 的另两个投影。

 学习目标

(1) 能画出曲面体的三面投影视图；
(2) 能作出曲面体表面上点的投影。
建议学时：2 学时。

 知识准备

常见的曲面立体是回转体，就是表面有回转曲面的立体。曲面体常见的有圆柱、圆锥、圆环和圆球。曲面立体的投影，实质上是构成该体的所有表面的投影总和。

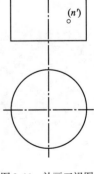

图 3-11　补画三视图

一、圆柱

圆柱的形成是由一条直线绕轴线围绕而成，如图 3-12 所示。由上顶面、下底面和回转曲面组成。

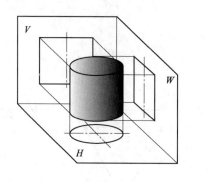
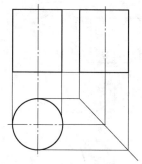

图 3-12 圆柱体的投影

1. 投影分析

俯视图的投影为一圆形:圆柱体的上顶面和下底面是水平面。在俯视图反映实形,投影为圆,在 V 和 W 面的投影积聚为一直线,用垂直相交的细点划线表示圆的中心。回转曲面为铅垂面,在俯视图反映积聚性,为圆。

主视图为一矩形。回转曲面在主视图的投影为矩形线框,是圆柱面的投影,用细点划线表示圆柱的轴线的投影。上、下两条水平线是顶面和底面的投影,积聚成一条直线。两条竖线是圆柱面上最左和最右的素线的投影。前半部分可见,后半部分为不可见。

左视图的投影为一矩形。圆柱的轴线用细点划线表示。上下两条水平线是顶面和底面的投影,积聚成一条直线。两条竖线是圆柱面上最前、最后素线的投影。左半部分可见,右半部分为不可见。

2. 作图步骤

画圆柱体的三视图时,先均匀布图,画各投影中心线,再画俯视图为圆的投影,根据投影关系逐步完成其他视图。

3. 圆柱表面上点的投影

如图 3-13 所示,已知圆柱面上 M 点的主视图投影为 m',求作 (m) 和 m''。

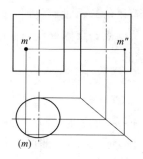

图 3-13 圆柱表面上点的投影

前面分析了圆柱的投影,M 点在圆柱面上的什么位置呢?根据主视图上 m' 为可见,可以判断 M 点在圆柱的前半部分上,又根据圆柱面在 H 面上投影的积聚性,利用主、俯视图"长对正"的投影关系,可以找出 M 点的水平投影 m,利用俯、左视图的"宽相等",主、左视图的"高平齐"找到 M 点的侧面投影 m'',如图 3-13 所示。

若已知圆柱表面上点 N 的 V 面投影为(n')，求作 n 和 n'' 并判别其可见性。请读者自行分析。

二、圆锥

圆锥体的表面可看作是一条直母线绕着和它相交的轴线旋转而形成的，所以圆锥的素线是与锥顶相交，如图 3-14 所示。

圆锥是由底面（圆）和锥面组成的。

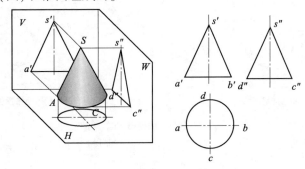

图 3-14　圆锥的投影作图（三视图）

1. 投影分析

如图 3-14 所示，正圆锥布置为轴线垂直于 H 投影面。

俯视图：锥底面平行于 H 投影面，为水平面，则锥底面在 H 面的投影为圆，反映实形；在 V 面和 W 面的投影为一直线，反映其积聚性。圆锥面在三个面上的投影都没有积聚性，在 H 面的投影与底面投影重合为圆，反映类似性，全部可见。

主视图：圆锥底面在 V 面的投影为一直线，反映积聚性；圆锥面的投影反映类似性，为等腰三角形。以最左素线 $s'a'$ 和最右素线 $s'b'$ 为分界线，前半部分圆锥面可见，后半部分圆锥面不可见。

左视图：圆锥底面在 W 面的投影为一直线，反映积聚性；圆锥面的投影反映类似性，为等腰三角形。以最前素线 $s''c''$ 和最后素线 $s''d''$ 为分界线，左半部分圆锥面可见，右半部分圆锥面不可见。

2. 作图方法

附视图投影（圆），先确定圆心位置，过圆心作圆的垂直中心线。根据三视图投影规则画主视图和左视图的轴线，再画底面圆的投影；确定圆锥的高度，根据各投影关系完成圆锥的三视图投影作图（图 3-14）。

3. 圆锥表面上点的投影

由于圆锥面的投影没有积聚性，所以在圆锥表面取点，可以利用辅助素线法、辅助纬圆法。

已知圆锥面上 M 点的正面投影 m'，求作 m、m''

1）辅助素线法

如图 3-15a）所示，根据主视图上 M 点的投影，m' 点可见，可分析 M 点处于圆锥面的前、左部分；过锥顶 S 和点 M 作辅助线 SA，在主视图中连接 s'm' 交锥底面于 a' 点；在俯视图中根据主、俯视图"长对正"的投影关系，找出 a 的投影，连接 sa；在左视图中，再根据俯、左视图"宽相等"及主、左视图"高平齐"的投影关系找出 a"，连接 s"a"。

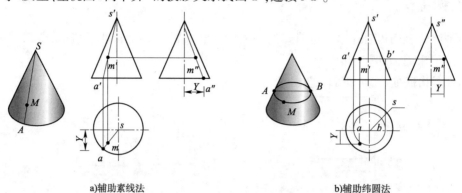

a) 辅助素线法　　　　　　　　　　　b) 辅助纬圆法

图 3-15　圆锥表面上点的投影作图：辅助素线法

按点在直线上的投影关系由 m'，作出 m、m"，完成圆锥表面上 M 点的投影作图。

2）辅助纬圆法

如图 3-15b）所示，根据主视图上 M 点的投影，m' 点可见，可分析 M 点处于圆锥面的前、左部分；假如用垂直于圆锥轴线的平面截切圆锥，得到的截面是半径大小不等的圆。过点 M 作垂直于圆锥轴线的水平纬圆，点 M 的投影必定在辅助纬圆的各同面投影上。

即在主视图上作过 m' 作圆锥的轴线的垂直线，交圆锥表面最左、最右素线上得点 a' 和 b'，a'b' 即为辅助纬圆的主视图投影；在俯视图上根据主、俯视图"长对正"的投影关系找到圆锥面在俯视图的投影，以锥顶 S 为圆心，a'b' 为直径画出辅助纬圆，同时在俯视图的辅助纬圆上找到圆锥表面上 M 点的水平投影为 m；根据 m'、m 各投影关系可得出左视图上圆锥表面上 M 点的投影 m"。完成圆锥表面上点的投影。

三、圆球

圆球面可看作为由一条圆母线绕其直径回转而成，如常见的篮球、足球、排球等。

1. 投影分析

圆球的三面投影都是圆，直径与球直径相等，如图 3-16 所示。

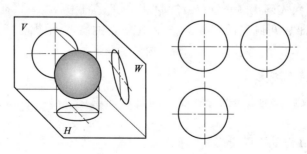

图 3-16　圆球的投影作图

主视图的投影是圆，它是圆球面前半部分与后半部分的分界线，而且在俯视图和左视图的投影都为中心线；前半部分可见，后半部分不可见。

左视图的投影是圆，它是圆球面左半部分与右半部分的分界线，而且在主视图和俯视图的投影都为中心线；左半部分可见，右半部分不可见。

俯视图的投影是圆，它是圆球面上半部分与下半部分的分界线，而且在主视图和左视图的投影都为中心线。

2. 作图方法

用点画线画出圆球体各投影的中心线，以球的直径画三个一样大的圆。完成圆球的三面投影作图(图3-16)。

 任务实施

一、任务准备

1. 组织方式

(1)场地设施：机械制图理实一体化教室(包含多媒体)。

(2)工具：绘图仪器、三角板、图板、图纸、机械制图习题集和智能手机。

(3)实施方式：将学生4~6人分成一组进行分组讨论。

2. 操作要求

(1)分析和表述问题逻辑清晰。

(2)语言表达流畅。

(3)能画曲面体的三视图，曲面体上点的投影作图。

(4)熟悉使用云平台。

二、操作步骤

(1)如图3-17所示，补画三视图，并作出立体表面上点 *M*、*N* 的另两个投影。

(2)如图3-18所示，补画三视图，并作出立体表面上点 *M*、*N* 的另两个投影。

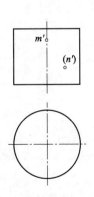

图3-17 补画三视图

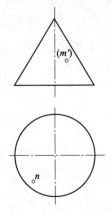

图3-18 补画三视图

任务小结

基本几何体中曲面体的投影,依然要遵循正投影原理,根据"长对正、高平齐、宽相等"的投影关系画图。求曲面体表面上点的投影:先分析这个空间点在曲面体的前、后、左、右、上、下哪半个部分上,是可见的还是不可见的。然后再展开找点的投影。方法有辅助素线法,辅助纬圆法,先作出辅助素线或辅助纬圆的三个投影,再在辅助素线或纬圆上找点的投影。

学习任务3　立体表面交线绘制

子任务1　平面切割平面体截交线绘制

 任务引入

平面切割平面体:分析截交线的投影,参照立体图补画三视图,如图3-19所示。

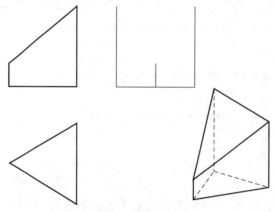

图3-19　补画三视图

 学习目标

(1)能描述平面截切平面体的投影作图特点;
(2)能画出平面截切平面体的截交线。
建议学时:4学时。

 知识准备

实际的机器零件往往不是完整的基本立体,而是经截切的基本形体。用平面切割立体,平面与立体表面的交线称为截交线,该平面称为截平面,由截交线形成的平面图形称为截断面,如图3-20所示。

1. 截交线的性质

(1)封闭性——截交线是一个由直线组成的封闭的平面多边形,其形状取决于平面体的形状及截平面对平面体的截切位置。

（2）共有性——截交线是截平面和立体表面的共有线。

求截交线就是求截平面与立体表面一系列共有点，并顺次连线。

【例3-1】 如图3-21a)所示，正垂面 P 截切正四棱锥 SABCD，求作切割后四棱锥的三视图。

分析： 正垂面 P 与正四棱锥 SABCD 的四条棱边都相交，所以截交线构成了一个四边形 EFGR，其顶点分别为 E、F、G、R 是四棱锥各棱边与平面 P 的交点，如图3-21a)所示。切割后的正四棱锥在三面投影体系中的投影如图3-21b)所示。

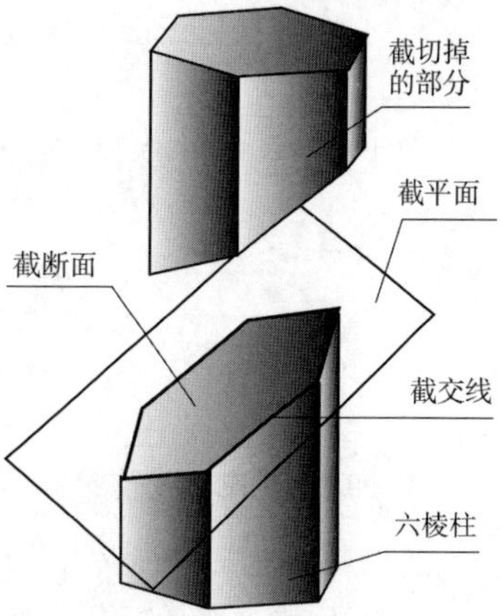

如图3-21c)所示，截交线的正投影积聚在 p' 上，e'(r')、f'(g') 分别是四边形 EFGR 四个顶点 E、F、G、R 在正面的投影与 p' 的交点。运用直线上点的投影特性，则可由交线的正面投影作出其水平投影和侧面投影。

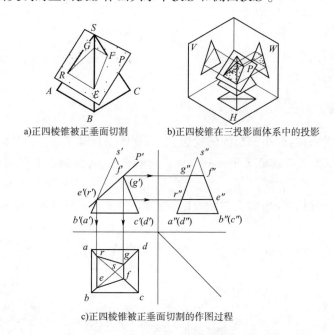

图3-20 平面切割立体

a) 正四棱锥被正垂面切割

b) 正四棱锥在三投影面体系中的投影

c) 正四棱锥被正垂面切割的作图过程

图3-21 正四棱锥与正垂面相交及其交线的投影

2. 作图方法

（1）作出正四棱锥 SABCD 的三视图以及 p' 的位置，如图3-21c)所示。s'a' 和 s'b' 与 p' 的交点分别为 e'、(r')，s'c' 和 s'd' 与 p' 的交点分别为 f'、(g')；在 s"a"、s"b" 和 s"c"、s"d" 与 p" 交点为 e"、f"、g"、r"。

（2）因为正四棱锥的底平面平行于水平面，其前、后两个侧平面是侧垂面，左、右两侧平面是正垂面，平面 P 是正垂面与正四棱锥斜交，如图3-21b)所示。所以，连接各点得到的交线 ER 与 FG 在正面投影有积聚性，而侧面的投影，则遵循高平齐，水平投影 er、fg 与侧面投影 e"r"、f"g" 均反映实长。

(3)平面 P 与正四棱锥前、后平面的交线 EF 与 GR 是一般位置直线,在左视图投影有积聚性。

正四棱锥 $SABCD$ 被正垂面 P 和 P_1 切割,求作截平面切割正四棱锥后的三视图。

任务实施

一、任务准备

1. 组织方式

(1)场地设施:机械制图理实一体化教室(包含多媒体)。
(2)工具:绘图仪器、三角板、图板、图纸、机械制图习题集和智能手机。
(3)实施方式:将学生 4～6 人分成一组进行分组讨论。

2. 操作要求

(1)分析和表述问题逻辑清晰。
(2)语言表达流畅。
(3)能画平面切割平面体的截交线。
(4)熟悉使用云平台。

二、操作步骤

(1)平面切割平面体:分析截交线的投影,参照立体图补画三视图(图3-22)。

提示:先在立体图上标注截交平面与立体截切的交点,再分别在各视图中找到交点的投影,连线即可。

(2)平面切割平面体:分析截交线的投影,参照立体图补画三视图(图3-23)。

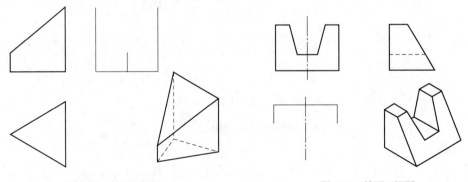

图3-22 补画三视图　　　　　　图3-23 补画三视图

任务小结

平面截切平面体的投影作图方法:
(1)棱线法——求各棱线与截平面的交点,按空间位置依次连接各点。
(2)面法——求各棱面与截平面的交线,按空间位置依次连接各条线。

截交线都具有下列两个性质：

(1) 截交线是一个由直线组成的封闭的平面多边形，其形状取决于平面体的形状及截平面对平面体的截切位置。

(2) 截交线是截平面和立体表面的共有线。

子任务 2　平面切割曲面体截交线绘制

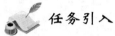 任务引入

曲面切割体：完成曲面立体被切割后的左视图(图 3-24)。

 任务目标

(1) 能描述平面截切曲面体的投影作图特点；
(2) 能画出平面截切曲面体的截交线。
建议学时：4 学时。

 知识准备

在机械工程中，我们经常遇到的零件并不是一个完整的圆柱、圆球、圆锥等，而是被平面切割后的曲面体。对这类形状零件其三视图的画法和识读我们也要学习与了解。

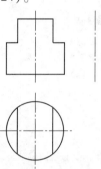

图 3-24　曲面切割体
　　　　补左视图

平面切割曲面体时，其截交线的性质与平面切割平面体一致，要满足封闭性和共有性。截交线的形状取决于截平面与曲面体的位置以及曲面体表面的形状。截交线的形状和性质见表 3-1。

平面切割回转曲面体　　　　　　　　　　　　　　　　表 3-1

截平面的位置	截交线的形状	轴测图	投影图
平面切割圆柱体	截平面平行于圆柱轴线，截交线为矩形		
	截平面垂直于圆柱轴线，截交线为圆		
	截平面倾斜于圆柱轴线，截交线为椭圆		

续上表

截平面的位置	截交线的形状	轴 测 图	投 影 图
平面切割圆锥	截平面平行于圆锥轴线($\alpha=90°$)时,截交线为双曲线加直线		
	截平面平行于圆锥面上一条素线($\alpha=\beta$)时,截交线为抛物线加直线		
	截平面垂直于圆锥轴线($\alpha=0°$)时,截交线为圆		
	截平面倾斜于圆锥轴线($\alpha<\beta$)时,截交线为椭圆		
	截平面过圆锥锥顶时,截交线为三角形		
平面切割圆球	平面平行于投影面时,在该投影面上截交线圆的投影反映实形,另外两个投影面上的投影积聚成直线		

【例 3-2】 如图 3-25a)所示,圆柱体被正垂面 P 截割,求作平面切割圆柱体后的三视图。

分析:

如图 3-25a)所示,直立的圆柱体被正垂面 P 切割,正垂面 P 是与圆柱体的轴线倾斜,其截交线为椭圆。

圆柱体的圆柱面的水平面投影为圆,反映其积聚性,所以截交线的水平投影积聚在其圆周上。

截平面 P 是正垂面,在主视图的投影为一条直线,反映其积聚性,并与直立的圆柱体最左、最右素线正面的投影相交,交点为 a'、b',与其最前和最后的素线交点是 c'、d',而交点 (d') 为不可见,这些点的投影称为切割体的特殊点(一般包括最上、最下、最前、最后、最左、最右点)。

点的投影规律,要满足"主、俯视图长对正;主、左视图高平齐;俯、左视图宽相等"的投影关系,能求得特殊点的水平面投影 a、b、c、d 和侧面投影 a''、b''、c''、d''。单凭这些特殊点的投影作出侧面的光滑曲线的投影——椭圆是很困难的,必须采用立体表面求点的方法作出中间点的投影,然后光滑连成曲线才行,如图 3-25c)所示。

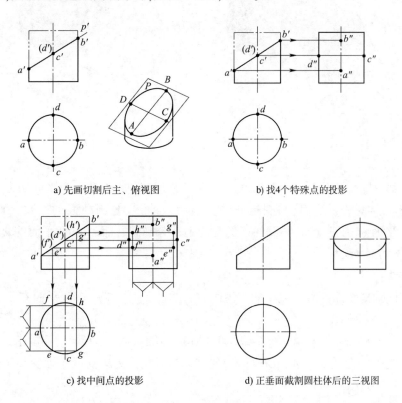

a) 先画切割后主、俯视图　　b) 找 4 个特殊点的投影

c) 找中间点的投影　　d) 正垂面截割圆柱体后的三视图

图 3-25　求作正垂面截割圆柱体后的三视图步骤

作图方法:

①画完整圆柱体和截切平面的投影。按如图 3-25a)所示位置,先将完整的圆柱体的三

视图画出,以及正垂截面 P 的正面投影 p′画出(倾斜)。

②求特殊点的投影。特殊点为截平面 P 与圆柱体相截切后留下部分最左、最右、最前、最后、最高、最低位置相交的点,此题中 A 点为最左(同时也是最低)点,B 点为最右(同时为最高)点,C 点为最前点,D 点为最后点。求出各特殊点的正面投影为 a'、b'、c'、d' 和侧面投影 a''、b''、c''、d'',如图 3-25b)所示。

③求一般点(中间点)的投影。为了更精准作出截交线,有必要在特殊点之间作出适当数量的中间点,俗称一般点,比如此题中的 E、F、G、H 点。在俯视图上确定 e、f、g、h 的位置,利用截平面的积聚性,以及主、俯视图"长对正"的投影关系,可以确定其正面投影上 e'、f'(不可见)、g'、h'(不可见),再根据点的投影规则确定侧面投影 e''、f''、g''、h''。

④依次光滑连接各点。依次光滑连接 a''、e''、c''、g''、b''、h''、d''、f''、a'',即得出了截交线的侧面投影——椭圆。描深,如图 3-25d)所示。

【例 3-3】 如图 3-26a)所示,求作顶尖的三视图。

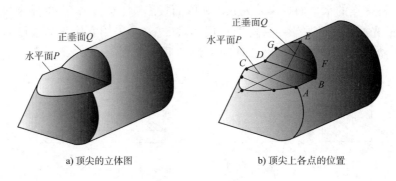

a) 顶尖的立体图　　　　　b) 顶尖上各点的位置

图 3-26　顶尖实物图

分析:

顶尖头部由同轴(轴线为侧垂线)的圆锥和圆柱组成,被 P、Q 两个平面切去一部分。平面 P 为平行于轴线的水平面,与圆锥面的交线为双曲线,与圆柱面的交线为两条侧垂线(AB、CD)。平面 Q 为正垂面,与圆柱面的交线为部分椭圆。而 P、Q 两平面的交线 BD 为正垂线,如图 3-27a)所示。

作图方法:

①画出同轴复合曲面体的完整的三视图,在主视图上作出 P、Q 两平面有积聚性的正面投影,如图 3-27a)所示。

②平面 P 与圆锥面的交线(双曲线)可用辅助纬圆法或辅助素线法作出。按投影关系作出平面 P 与圆柱面的交线 AB、CD 的水平投影 ab、cd,以及 P、Q 两平面交线 BD 的水平投影 bd,如图 3-27b)所示。

③正垂面 Q 与圆柱面的交线(椭圆弧)的正面投影积聚成一条直线。由 g' 作出 g'' 和 g,在椭圆弧正面投影的适当位置定出 e'、f',直接作出侧面投影 e''、f'',再由 e''、f'' 和 e'、f' 作出 e、f。依次连接 b、f、e、g、d 即为正垂面 Q 与圆柱面的交线的水平投影,如图 3-27c)所示。

④作图结果如图3-27d)所示,注意俯视图中圆柱与圆锥交接处的一段虚线不要遗漏。

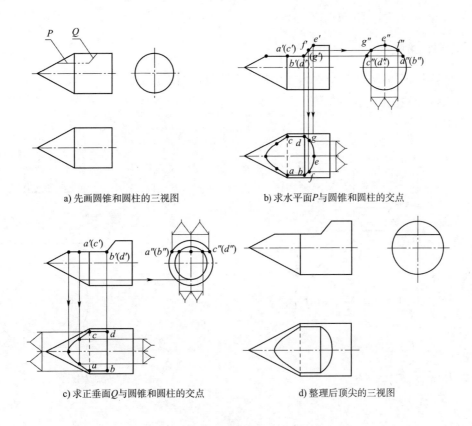

图3-27 平面切割复合曲面体交线的三视图

注意:画截平面与同轴复合曲面体相交的交线时,首先要分析该形体是由哪几个基本体组成,再分析平面与被切割基本体的相对位置、交线的形状和投影特性,然后逐步画出平面对每个基本体产生的交线。

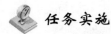 任务实施

一、任务准备

1. 组织方式

(1)场地设施:机械制图理实一体化教室(包含多媒体)。

(2)工具:绘图仪器、三角板、图板、图纸、机械制图习题集和智能手机。

(3)实施方式:将学生4~6人分成一组进行分组讨论。

2. 操作要求

(1)分析和表述问题逻辑清晰。

(2)语言表达流畅。

(3)能画平面截切曲面体的截交线。

(4)熟悉使用云平台。

二、操作步骤

(1)曲面切割体:完成曲面立体被切割后的左视图(图3-28)。

(2)求作左视图(图3-29)。

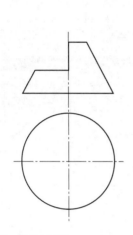

图3-28 完成左视图

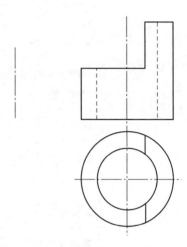

图3-29 完成左视图

 任务小结

平面切割曲面体的投影作图:截交线的形状取决于截平面与被截立体轴线的相对位置。截交线是截平面与回转体表面的共有线。

(1)解题方法与步骤:

①分析截平面与被截立体的相对位置,以确定截交线的形状。

②分析截平面与被截立体对投影面的相对位置,以确定截交线的投影特性。

(2)求截交线:

当截交线的投影为非圆曲线时,要先找特殊点,再补充中间点,最后光滑连接各点。

注意分析平面体的棱线和回转体轮廓素线的投影。

(3)进行截交线的分析与作图:

当单体被多个截平面截切时,要逐个截平面进行截交线的分析与作图。当只有局部被截切时,先按整体被截切求出截交线,然后再取局部。

(4)求复合回转体的截交线:

应首先分析复合回转体由哪些基本回转体组成以及它们的连接关系,然后分别求出这些基本回转体的截交线,并依次将其连接。

子任务3 立体与立体相交相贯线绘制

补全相贯线的投影(图3-30)。

(1)能描述相贯线的定义;
(2)能完成常见两立体相交时其表面相贯线的投影特性及画法。

建议学时:4学时。

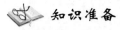

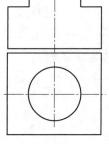
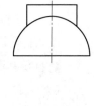

图3-30 补全相贯线

两立体相交称为相贯,其表面产生的交线称为相贯线,如图3-31所示。

最常见的是圆柱与平面体相交(图3-31a)、圆柱与圆柱相交(图3-31b)、圆锥与圆柱相交以及圆柱与圆球相交,多体相贯(图3-31c)。相贯线的形状取决于两立体各自的形状和大小。一般情况下,为闭合的空间曲线。本任务主要讨论常用不同立体相交时其表面相贯线的投影特性及画法。

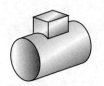
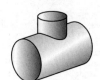

a)回转体与平面体相贯　　　b)回转体与回转体相贯　　　c)多体相贯

图3-31 两立体相贯示例

一、概述

1. 相贯的形式

相贯的形式如图3-31所示。

2. 相贯线的主要性质

(1)表面性——相贯线位于两立体的表面上。
(2)封闭性——相贯线一般是封闭的空间折线(通常由直线和曲线组成)或空间曲线。
(3)共有性——相贯线是两立体表面共有的线。

二、圆柱与圆柱相交

1. 相贯线的性质

相贯线一般为光滑封闭的空间曲线,它是两回转体表面的共有线。

2. 作图方法

利用投影的积聚性直接找点。

用辅助平面法。

3. 作图过程

(1) 先找特殊点——确定交线的范围。

(2) 补充中间点——确定交线的弯曲趋势。

4. 相贯线作图方法例题

【例 3-4】 如图 3-32a) 所示,两个直径不等的圆柱体正交,求作它的相贯线的投影。

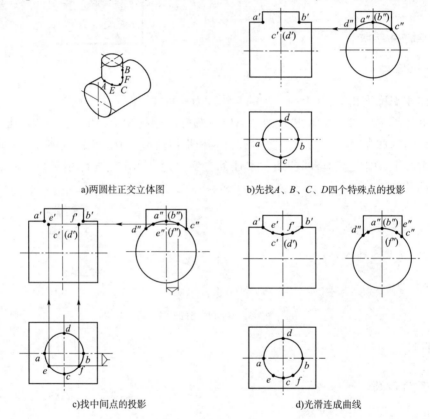

a) 两圆柱正交立体图　　b) 先找 A、B、C、D 四个特殊点的投影

c) 找中间点的投影　　d) 光滑连成曲线

图 3-32　两直径不等圆柱体正交相贯线的投影作图

分析:

两圆柱正交投影的特性如下。

如图 3-32a) 所示,不同直径两圆柱体垂直相交,水平圆柱体的轴线是侧垂线,直立圆柱体的轴线是铅垂线,而且水平圆柱体的直径明显大于直立圆柱体的直径。由于直立圆柱体表面的水平投影和水平圆柱体表面的侧面投影都是圆,反映其投影的积聚性。所以交线的水平投影和侧面投影分别积聚在它们的圆周上。因此,只要求作交线的正面投影即可。

因为交线前后对称,在其正面投影中,可见的前半部分与不可见的后半部分重合,并且左右对称。题目要求作相贯线只要作出前面部分即可。

作相贯线的步骤：

①先找特殊点。特殊点为所求相贯线的最高、最低、最前、最后、最左、最右的点，水平圆柱体的最高素线与直立圆柱最左素线的交点 A、最右素线的交点 B 是相贯线上的最高点，同时也是最左点、最右点。因此，根据正投影原理、三视图的"长对正、高平齐、宽相等"的投影关系，a'、b'、a、b 和 a''、b'' 均可直接作出。$C(D)$ 点是交线上直立圆柱的最低点，C 点同时也是直立圆柱的最前点，c'' 和 c 可直接作出，再由 c''、c 求得 c'；D 点同时也是直立圆柱的最后点，d'' 和 d 可直接作出，再由 d''、d 求得 d'，如图 3-32b)所示。

②再找一般点（求中间点）。利用积聚性，在侧面投影和水平投影上定出 $e''f''$ 和 ef，再由 $e''f''$ 和 ef 求得 $e'f'$，如图 3-32c)所示。同样的方法可再作出相贯线上一系列点的投影（取点多交线就较为光滑）。光滑连接 a'、e'、c'、f'、b' 各点即为相贯线的正面投影，如图 3-32d)所示。

【例 3-5】 如图 3-33 所示，求作两个带穿孔的圆柱体正交后的相贯线。

分析：

如图 3-33 所示，是两个带穿孔的圆柱体正交。圆柱面与圆柱面相交时，外表面会形成交线：外相贯线。两圆柱体内孔相交时，其内表面也会形成交线：内相贯线，如图 3-33b)所示。内相贯线的作图方法与步骤与两圆柱外表面的相贯线的作图方法与步骤是完全相同的，先求特殊点的投影，确定相贯线的范围，再求一般点或称中间点的投影，确定相贯线的弯曲趋势。我们把其外表面形成的相贯线称之为外相贯线；其内表面形成的相贯线称之为内相贯线，如图 3-33b)、图 3-33c)所示。

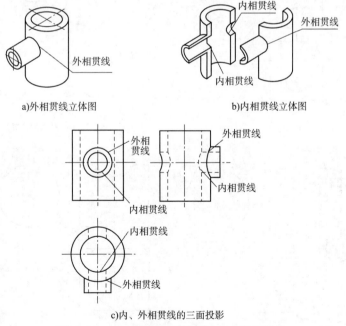

a) 外相贯线立体图　　　　b) 内相贯线立体图

c) 内、外相贯线的三面投影

图 3-33 直径不等两穿孔圆柱体正交相贯线画法

5. 两圆柱垂直相交，相贯线的简易画法

在工程上，经常遇到两圆柱垂直相交的情况，为了简化作图，允许用圆弧代替非圆曲线。

如图 3-34 所示，相贯线的正面投影可以用大圆的半径为半径画圆弧即可。

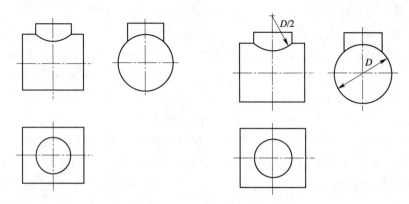

图 3-34 相贯线的简易画法

三、圆柱与圆锥相交

由于圆锥面的投影没有积聚性，因此当圆柱与圆锥相交时，不可能利用积聚性来找特殊点和一般点作相贯线。只能采用辅助平面法求出两曲面体表面上的共有点来求相贯线的投影。圆柱与圆锥相交依然具有两立体相交时相贯线的表面性、封闭性和共有性。

【例 3-6】 如图 3-35a) 所示的轴线正交的圆台与圆柱相贯，求作相贯线投影。

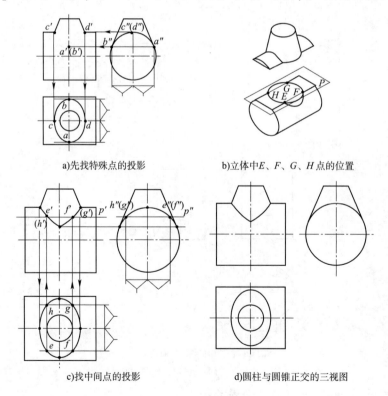

a) 先找特殊点的投影　　　　b) 立体中 E、F、G、H 点的位置

c) 找中间点的投影　　　　d) 圆柱与圆锥正交的三视图

图 3-35 圆柱与圆锥正交相贯线的作图

分析：

如图3-35a）所示，圆柱与圆锥轴线垂直相交，其表面交线为封闭的空间曲线，并且交线的前后、左右对称。

由于圆柱轴线垂直于侧面，所以交线的侧面投影与圆柱面的侧面投影重合为一段圆弧。交线的正面投影和水平投影采用辅助平面法求作。

作图方法与步骤：

①求特殊点。相贯线在圆柱上的最高点 C、D，同时也是圆台的最左、最右点）；圆台最低点 A、B，同时也是圆台的最前、最后点的侧面。

②投影。根据 c''、d''、a''、b'' 直接作出正面投影 c'、d'、a'、b' 和水平投影 c、d、a、b，如图3-35a）所示。

③求中间点。在最高点与最低点之间的适当位置作出辅助平面 P。如图3-35b）、图3-35c）所示，P 平面（水平面）与圆锥的交线是圆，其水平投影反映实形，该圆的半径可在侧面投影中量取，或在正面投影中圆锥外轮廓线的延长线与 p' 的交点投影作图。P 平面与圆柱的交线是矩形，它在水平投影中的位置也是可以从侧面投影中量取。在水平投影中，圆和矩形的交点 e、f、g、h 即为交线上四个点的水平投影，其正面投影 e'、f'、g'、h' 应在 p' 上，侧面投影 e''、f''、g''、h'' 应位于 p'' 与圆的相交处。

④作图。在正面投影和水平投影上分别依次光滑连接各点，求作的结果如图3-34d）所示，即为圆柱与圆锥正交的相贯线。

任务实施

一、任务准备

正交的圆柱与圆锥相贯线的投影随其相对大小而变化

两圆柱面的轴线平行或两圆锥面共锥顶

回转体轴线相交且表面内切于公共球的相贯线

1. 组织方式

（1）场地设施：机械制图理实一体化教室（包含多媒体）。

（2）工具：绘图仪器、三角板、图板、图纸、机械制图习题集和智能手机。

（3）实施方式：将学生4~6人一组进行分组讨论。

2. 操作要求

（1）分析和表述问题逻辑清晰。

（2）语言表达流畅。

（3）能画两立体相交的相贯线。

（4）熟悉使用云平台。

二、操作步骤

（1）如图3-36所示，补全视图。

（2）如图3-37所示，补全相贯线的投影。

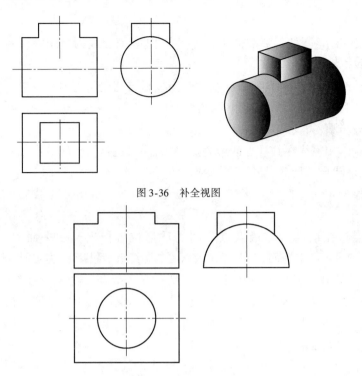

图 3-36 补全视图

图 3-37 补全相贯线

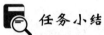 任务小结

立体与立体相交的交线,称为相贯线,常见的有回转体与平面体相交、回转体与回转体相交(包括圆柱与圆柱相交、圆柱与圆锥相交,圆台与圆锥相交以及复合相交等形式)。相贯线有三个性质:①表面性:相贯线位于两立体的表面上;②封闭性:相贯线一般是封闭的空间折线(通常由直线和曲线组成)或空间曲线;③共有性:相贯线是两立体表面共有的线。

相贯线的作图方法:①利用投影的积聚性直接找点;②用辅助平面法。

相贯线的作图过程:先找特殊点——确定交线的范围。再找中间点(或称为一般点)——确定交线的弯曲趋势。再依次光滑连接各点得到所求的相贯线。

项目四　组合体绘制与识读

 项目概述

任何机器零件,从形体的角度来分析,都可以看成是由一些简单的基本体经过叠加、切割或穿孔等方式组合而成的。这种由两个或两个以上的基本体组合构成的整体称为组合体。

组合体大多是由机件抽象而成的几何模型。学习组合体的画图与读图方法十分重要,将为进一步学习零件图的绘制与识读打下基础。

 主要学习目标

1. 能力目标

(1) 能正确描述组合体的组合形式;
(2) 能完成组合体的读图方法;
(3) 能绘制基本组合体的三视图。

2. 知识目标

(1) 能描述三视图的形成;
(2) 能描述组合体的组合形式;
(3) 能利用线面分析法读图;
(4) 能利用形体分析法读图;
(5) 能够对三视图进行正确的尺寸标注。

3. 职业素养目标

培养认真细致、严谨的工作作风。

学习任务1　三视图形成与投影规律认知

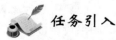 **任务引入**

三视图的形成和三视图的投影规律是本任务的重点内容,三视图的形成过程,影响学生对视图和三视图这两个概念的认识与理解,投影规律是在三视图的形成基础上,重点体现图

与图、图与物体之间的内部联系和规律,它是学生今后学习识图、画图的最基本的理论依据。

 学习目标

能描述视图的形成过程,能分析三视图的投影规律,为以后识图和画图打好扎实的基础。
建议学时:2学时。

 知识准备

一、三视图的形成

三视图　　　三视图及其形成　　三视图的关系及投影规律

将物体放在三投影面体系中,物体的位置处在人与投影面中间,然后将物体对各个投影面进行投影,得到三个视图,这样才能把物体的长、宽、高三个方向,上下、左右、前后六个方位的形状表达出来,如图4-1所示。

(1)主视图。从前向后投影,在正面(V)上所得的视图。

(2)左视图。从左向右投影,在侧面(W)上所得的视图。

(3)俯视图。从上向下投影,在水平面(H)上所得的视图。

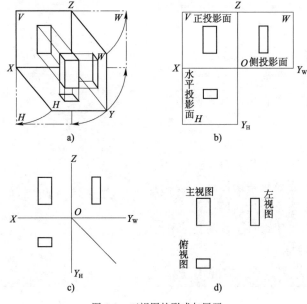

图4-1　三视图的形成与展开

二、三投影体系的展开

在实际作图中,为了绘图方便,需要将三个投影面在一个平面上表示出来,规定使V面不动,H面绕OX轴向下旋转90°与V面重合,W面绕OZ轴向右旋转90°与V面重合,这样就得到了在同一平面上的三视图,如图4-1b)所示,为了作图简便,投影中不必画出投影面的边框,如图4-1c)表示,由于画三视图时主要依据投影规律,所以投影轴也可以省略不画,如图4-1d)所示。这样在绘制图时可以更加灵活的布置三个视图的位置。

三、三视图的投影规律

从图 4-2 中可以看出,一个视图只能反映两个方向的尺寸,主视图反映物体长度和高度、俯视图反映物体的长度和宽度、左视图反映物体的宽度和高度,由此可以归纳出三视图的投影规律:

主、俯视图"长对正";

主、左视图"高平齐";

俯、左视图"宽相等"。

三视图的投影规律反映了三视图的重要特性,也是画图和读图的依据,无论是整个物体还是物体的局部,其三面投影都必须符合这个规律。

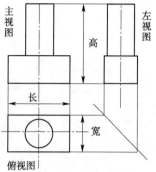

四、三视图与物体方位的对应关系

图 4-2　视图间的投影关系

物体有长、宽、高三个方向的尺寸,有上下、左右、前后六个方位关系,如图 4-3a)所示,六个方位在三视图中的对应关系如图 4-3b)所示。

主视图反映了物体的上下、左右四个方位关系。

俯视图反映了物体的前后、左右四个方位关系。

左视图反映了物体的上下、前后四个方位关系。

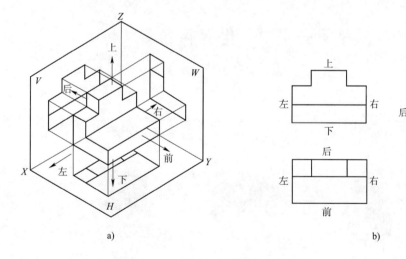

图 4-3　三视图的方位关系

 任务实施

一、任务准备

1. 组织方式

(1)场地设施:机械制图理实一体化教室。

(2)工具:绘图仪器、三角板、图板、图纸、机械制图习题集、智能手机。
(3)实施方式:将学生4~6人分成一组进行分组讨论。

2. 操作要求

(1)分析和表述问题逻辑清晰。
(2)语言表达流畅。
(3)能描述三视图的投影规律。
(4)熟悉使用云平台。

二、操作步骤

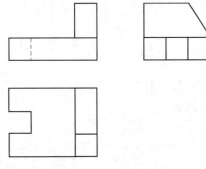

图4-4 三视图的对应关系

(1)如图4-4所示,说出每个视图是怎么形成的?
(2)指出图4-4中三个视图的方位关系是怎样的?
(3)从三视图上找出两两对应的投影关系是怎样的?

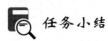 任务小结

初步认识三视图的形成与投影关系,描述三视图中每个视图对应的方位关系,分析视图中两两视图之间的投影对应关系,为以后的识图绘图打下坚实的基础。

学习任务2 组合体绘制

 任务引入

如图4-5所示,这些组合体的组合形式是什么?三视图如何绘制?

a)叠加型   b)切割型   c)综合型

图4-5 组合体的组合形式

  学习目标

熟练运用三视图的投影规律,能绘制常见组合体的三视图。
建议学时:2学时。

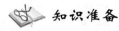知识准备

一、组合体的组合形式

组合体的组合形式有叠加型、切割型、综合型,如图 4-5 所示,我们常见的以综合型居多。组合体上相邻表面之间的连接关系有:表面平齐、表面不平齐、表面相交、表面相切。

1. 表面平齐

当两基本体表面平齐时,结合处不画分界线,如图 4-6a)所示。

2. 表面不平齐

当两基本体表面不平齐时,结合处应画出分界线,如图 4-6b)、图 4-6c)所示。

3. 表面相交

当两基本体表面相交时,在相交处应画出分界线,如图 4-7 所示。

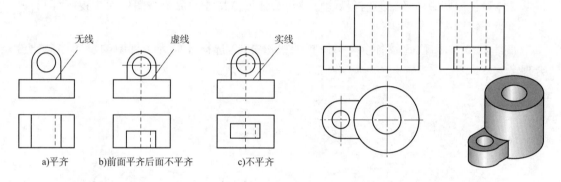

图 4-6　表面平齐和不平齐的画法

图 4-7　表面相交的画法

4. 表面相切

当两基本体相切时,在相切处不画分界线,如图 4-8 所示。

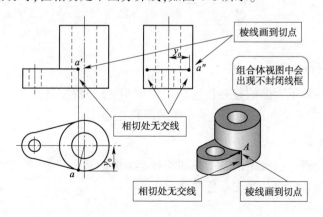

图 4-8　表面相切的画法

二、组合体画法

本节以图4-9所示轴承座为例,说明组合体的画图方法和步骤。

1. 形体分析

画图前,首先对轴承座进行形体分析,分析这个组合体由哪些基本体组成,了解它们之间的相对位置、组合形式以及表面间的连接关系及其分界线的特点。

从图4-9看出,支座由凸台、轴承圆筒、支撑板,底板和加强肋板组成,从图中可以看出,凸台与轴承圆筒相贯,轴承圆筒与支撑板相交,底板与支撑板相切,底板与肋板相接。

由此分析清楚组合体的组合形式以及各部分之间的连接方式,就可以开始画图了。

2. 选择主视图

在表达组合体的三个视图中,主视图是最重要的视图,一旦主视图的方向选定以后,其他两个视图也就随之确定,主视图的选择起到至关重要的作用,一般来讲,主视图的选择应根据形体特征原则来考虑,即选择最能反映组合体形体特征的那个视图作为主视图,同时兼顾其他两个视图表达的清晰性。

如图4-10轴承座,比较各个箭头所指的投影方向,选择 A 向为主视图的投影方向比价合理。

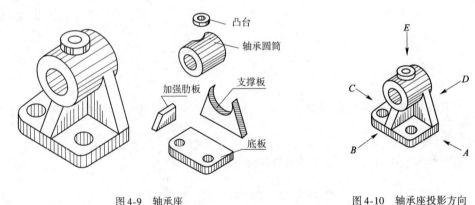

图4-9 轴承座　　　　　图4-10 轴承座投影方向

3. 确定比例和图幅

视图确定后,要根据物体的复杂程度和尺寸大小,按照规定选择适当的比例和图幅,选择的图幅要留够足够的空间以便标注尺寸和画标题栏等。

4. 布置视图位置

布置视图时,应根据已确定的各个视图的每个方向的最大尺寸,并考虑到尺寸标注和标题栏所需的空间,匀称地将各视图布置在图幅上。

5. 绘制底稿

支座的绘图步骤如图4-11所示。

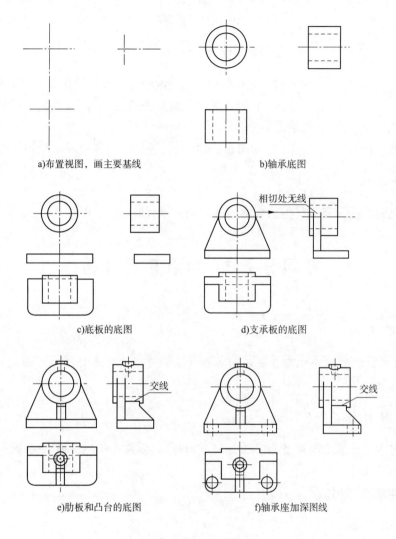

图 4-11 轴承座三视图作图步骤

任务实施

一、任务准备

1. 组织方式

(1) 场地设施:机械制图理实一体化教室。
(2) 工具:绘图仪器、三角板、图板、图纸、机械制图习题集。
(3) 实施方式:将学生 4~6 人一组分组讨论。

2. 操作要求

(1) 分析和表述问题逻辑清晰。

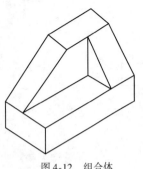

图 4-12 组合体

(2)语言表达流畅。
(3)熟练使用绘图工具。

二、操作步骤

(1)如图 4-12 所示组合体,三视图的投射方向如何选择?
(2)如何合理地布局三视图的位置。(各组练习将视图绘制在图纸上)
(3)如何正确地绘制三视图。(各组展示绘制好的三视图)

任务小结

对三视图的投影规律有更加深刻的认识和理解,能绘制简单的三视图。

学习任务 3　组合体尺寸标注

任务引入

如图 4-13 所示,这个组合体三视图各个方向的尺寸基准是什么?如何对相应的三视图进行尺寸标注?

学习目标

能够完成尺寸基准的分类和在三视图上的标注,依据尺寸标注的相关要求,且能够正确标注三视图的尺寸。

建议学时:2 学时。

知识准备

一、尺寸基准

标注尺寸的起始位置称为尺寸基准,对于组合体来讲,我们一般标注长、宽、高三个方向尺寸,每个方向都应该有一个尺寸基准,我们一般选取对称面、底面、端面、轴线或者圆的中心线等几何元素作为尺寸基准,当然,每个方向除了主要尺寸基准以外,还可以有辅助基准,基准选定以后,就可以从尺寸基准开始进行尺寸标注了。

如图 4-13 支架,我们首先分析尺寸基准。

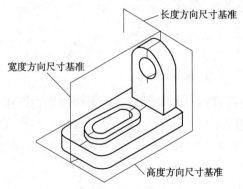

图 4-13　支架的尺寸基准分析

长度方向:竖板的右端面。
宽度方向:前后对称平面。
高度方向:底板的底面。

二、尺寸标注要完整

1. 尺寸种类

要使尺寸标注完整,即不多不少,最好的方法是对组合体进行形体分析,根据各基本形体的形状及其相对位置分别标注以下尺寸:

(1)定形尺寸:确定各基本体形状大小的尺寸。
(2)定位尺寸:确定各基本体之间相对位置的尺寸。
(3)总体尺寸:确定组合体外形总长、总宽、总高的尺寸。

2. 标注尺寸的方法和步骤

标注组合体的尺寸,应该首先对组合体的形体进行分析,选择基准,标注出定形尺寸、定位尺寸和总体尺寸,最后检查、核对。

(1)进行形体分析。
(2)选择尺寸基准。
(3)根据形体分析,逐个注出各部分的定形尺寸。
(4)根据选定的尺寸基准,标注出确定各部分相对位置的定位尺寸。
(5)标注总体尺寸。
(6)检查尺寸标注有无重复,有无遗漏,并进行修改和调整。

3. 标注尺寸要清晰

标注尺寸不仅要求正确、完整,还要求清晰,以方便读图,为此,在严格遵守机械制图国家标准的前提下,还应注意以下几点:

(1)尺寸应尽量标注在反映形体特征最明显的视图上。
(2)同一个基本形体的定形尺寸和确定其位置的定位尺寸,应尽可能集中标注在一个视图上。
(3)直径尺寸应尽量标注在投影为非圆的视图上,而圆弧的半径应标注在投影为圆的视图上。
(4)尽量避免在虚线上标注尺寸。
(5)同一个视图上的平行并列尺寸,应该按照"小尺寸在内、大尺寸在外"的原则来排列,且尺寸线与轮廓线、尺寸线与尺寸线之间的间距要适当。
(6)尺寸应尽量配置在视图的外面,以避免尺寸线与轮廓线交错重叠,保持图形清晰。

4. 常见结构的尺寸标注

几种常见平面图形尺寸标注示例如图 4-14 所示。

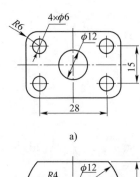
a)
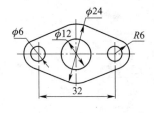
b)

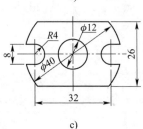
c)
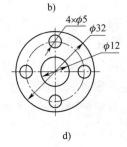
d)

图 4-14 常见平面图形标注

基本几何体尺寸标注

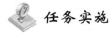

一、任务准备

1. 组织方式

(1) 场地设施:机械制图理实一体化教室。
(2) 工具:绘图仪器、三角板、图板、图纸、机械制图习题集。
(3) 实施方式:将学生 4~6 人一组分组讨论。

2. 操作要求

(1) 分析和表述问题逻辑清晰。
(2) 语言表达流畅。
(3) 熟练使用绘图工具进行尺寸标注。

二、操作步骤

(1) 如图 4-15 所示支架三视图,各个方向的尺寸基准如何选择?
(2) 如何正确标注定形尺寸?
(3) 如何正确标注三视图的定位尺寸?

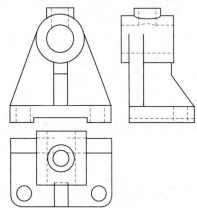

图 4-15 支架三视图

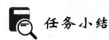

对三视图的尺寸基准熟练掌握,并且能够准确标注三视图的尺寸。

学习任务 4　组合体识读

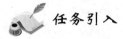

如图 4-16 所示，如何通过三视图正确读出轴测图？如何正确绘制读出的轴测图？

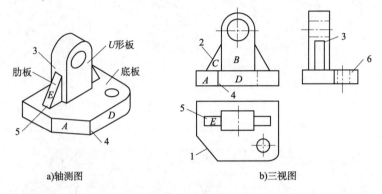

图 4-16　支座

能熟练运用三视图的投影规律，能读懂常见组合体的三视图。
建议学时：1 学时。

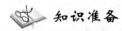

一、读图的基本要领

1. 视图中线框和图线的含义

视图是由图线和线框组成的，弄清视图中线框和图线的含义对读图大有帮助。

（1）视图中的每个封闭线框可以是物体上一个表面的投影，也可以是一个孔的投影，如图 4-16 所示，主视图上的线框 A、B、C 是平面的投影，线框 D 是平面与圆柱面相切形成的组合面的投影，主、俯视图中大、小两个圆线框分别是大小两个孔的投影。

（2）视图中的每一条图线可以是面的集聚性投影，如图 4-16 中直线 1、2 分别是 A 面和 E 面的集聚性投影，也可以是两个面的交线的投影，如图中直线 3、5 分别是肋板斜面 E 与拱形柱体左侧面和底板上表面的交线，直线 4 是 A 面和 D 面交线，还可以是曲面的转向轮廓线的投影，如左视图中直线 6 是小圆孔圆柱面的转向轮廓线。

（3）视图中相邻的两个封闭线框，表示位置不同的两个面的投影，如图 4-16 中 B、C、D 三个线框两两相邻，从俯视图中可以看出，B、C 以及 D 的平面部分互相平行，且 D 在最前，B 居中，C 靠最后。

(4) 大线框内包括的小线框,一般表示在大立体上凸出或凹下的小立体的投影,如图 4-16 中俯视图上的小圆线框表示凹下的孔的投影,线框 E 表示凸起的肋板的投影。

2. 将几个视图联系起来读图

一个组合体通常需要几个视图才能表达清楚,一个视图不能确定物体形状,如图 4-17 所示的三视图,它们的主视图都相同,但是由于俯视图不相同,表示的实际上是三个不同的物体。

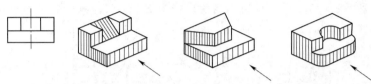

图 4-17 一个视图不能确定物体的形状

有时即使两个视图相同,若视图选择不当,也不能完全确定物体的形状,如图 4-18 所示的三个视图,它们的主、俯视图完全相同,但由于左视图不同,也表示了三个不同的物体。

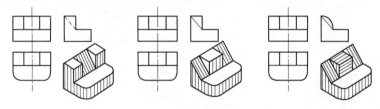

图 4-18 两个视图不能确定物体的形状

二、读图的基本方法

读图的基本方法有形体分析法和线面分析法。

1. 形体分析法

1) 概念

根据组合体的特点,将其分成大致几个部分,然后逐一将每一部分的几个投影对照进行分析,想象出其形状,并确定各部分之间的相对位置和组合形式,最后综合想象出整个物体的形状,这种读图方法称为形体分析法,对于叠加类组合体比较适用。

2) 读图步骤

第一步:分线框,对投影。

第二步:想形体,对位置。

第三步:综合起来,想整体。

一般的读图顺序是:先看主要部分,后看次要部分,先看容易确定的部分,后看难以确定的部分,先看某一组成部分的整体形状,后看其细节部分形状。

2. 线面分析法

在读图过程中,遇到物体形状不规则,或物体被多个面切割,物体的视图往往难以读懂,此时可以在形体分析的基础上进行线面分析。

线面分析法读图。就是运用投影规律,通过对物体表面的线、面等几何要素进行分析,确定物体的表面形状、面与面之间的位置及表面交线,从而想象出物体的整体形状,对于切割类组合体比较适用。

读图步骤:

(1)初步判断主体形状。物体被多个平面切割,但从物体的最大线框来看,基本都是矩形,据此判断该物体的主体应是长方体。

(2)确定切割面的形状和位置。

(3)逐个想象各切割处的形状。

(4)想象整体形状。

 任务实施

一、任务准备

1. 组织方式

(1)场地设施:机械制图理实一体化教室。

(2)工具:绘图仪器、三角板、图板、图纸、机械制图习题集。

(3)实施方式:将学生4~6人一组分组讨论。

2. 操作要求

(1)分析和表述问题逻辑清晰。

(2)语言表达流畅。

(3)熟练使用绘图工具。

二、操作步骤

(1)图4-19所示为组合体三视图,三视图的读图方法如何选择?

(2)首先读哪一部分的轴测图?

(3)如何正确读出最终的轴测图?(各组展示读懂的轴测图)

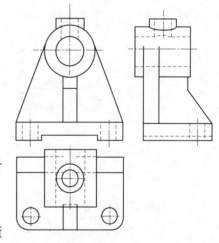

图4-19 组合体三视图

 任务小结

对三视图的投影规律有更加深刻的认识和理解,能够熟练应用线面分析法和形体分析法读懂简单的三视图。

项目五　机件常用表达方法

项目概述

　　机件的表达方法是指表示机件形状的各种视图画法。机件的形状是多种多样的,如图 5-1 所示,满足机器的要求是其基本功能,还要考虑其制造安装方便、美观、成本等方面的要求。有些机件形状简单,只需一个或两个视图,加上尺寸标注就可以将其形状表达清楚,而有些复杂机件,甚至用三个视图都不能完整、清楚、简便地表达机件的结构形状。为此,国家标准《技术制图与机械制图》中规定了表达机件的各种方法,熟悉并掌握这些基本表示方法,就可以根据不同机件的结构特点,从中选取适当的表示方法,完整、清晰、简便地表达机件的结构形状。

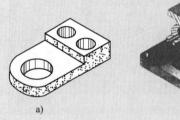

a)　　　　　b)

图 5-1　机件

主要学习目标

1. 能力目标

(1) 能描述机件各种表达方法的特点;

(2) 能根据机件的形状特点恰当选择表达方法;

(3) 能完整、清晰、简便地表达机件的结构形状。

2. 知识目标

(1) 能描述各种视图、剖视图、断面图、局部放大图等表达方法的适应条件和画法规定;

(2) 能叙述机件常用的简化表达方式。

3. 职业素质目标

(1) 作图时能保持图面清晰、干净和作图环境的整洁,并保证作图工具和仪器摆放整齐;

(2) 能主动与学习小组成员沟通,与教师和同学建立良好的人际关系。

学习任务1 视图画法认知

任务引入

分析图5-2所示的压紧杆零件的形状结构,用适当的视图表示该零件。在生产实践中,零件的形状结构多种多样,如果仅用三视图往往难以把它们的形状和结构准确、完整、清晰地表达出来。要想合理、清晰地表达该零件,除了采用基本视图外,还需要运用局部视图和斜视图。

学习目标

(1)能根据机件的形状特点恰当选择表达方法;
(2)能完整、清晰、简便地表达机件的外部结构形状。
建议学时:4学时。

图5-2 压紧杆

知识准备

视图主要用来表达机件的外部结构形状,一般仅画出机件的可见部分,必要时用虚线画出少许不可见部分的轮廓线。

视图分为基本视图、向视图、局部视图和斜视图。

视图的画法要遵循目前执行的国家标准。

一、基本视图

凡机件向基本投影面投影所得的视图,都称为基本视图。基本视图有六个,它们是主视图、左视图、俯视图、仰视图、后视图和右视图。

基本视图的投影面体系是一正六面体,基本投影面有六个,各投影面之间两两垂直,将机件置于正六面体当中,将机件采用正投影法分别向相应的投影面投射,得到相应的六个基本视图,六个基本视图中除了前面项目所述的主、俯、左视图外,还增加了从机件右向左投射所得的右视图,从下向上投射所得的仰视图和从后向前投射所得的后视图。六个基本投影面按规定展开时,规定V面不动,其他投影面按图5-3所示的箭头方向展开至与V面处于同一平面上。

六个基本视图按图5-3所示配置时,一律不注视图名称,各个视图之间仍保持"长对正、高平齐、宽相等"的正投影关系。即主视图、俯视图、仰视图、后视图长对正;主视图、右视图、左视图、后视图高平齐;仰视图、俯视图、右视图、左视图宽相等。

在表达机件形状时,不是任何机件都需要画六个基本视图,而是应根据机件形状的特点和复杂程度来选用必要的几个基本视图。应优先选用主、俯、左三个基本视图,然后再考虑其他的基本视图,任何机件的表达,都必须有主视图。

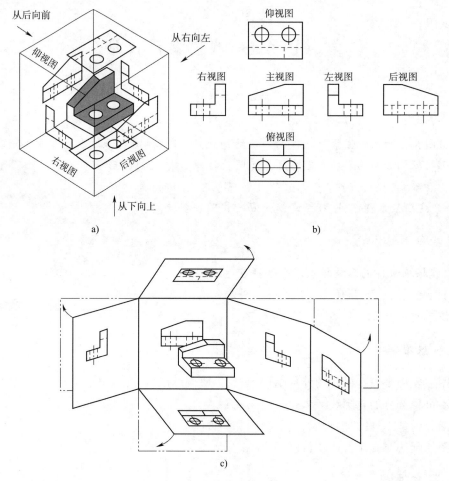

图 5-3 六个基本视图的形成与配置

二、向视图

不按基本配置所画的基本视图称为向视图。向视图是可以自由配置的视图。为便于看图,在向视图的上方必须用大写字母标注该向视图的名称,在相应视图附近用箭头指明投射方向,并注上相同的字母表示,如图 5-4 所示。向视图只是将相应的基本视图挪动了位置,视图仍为原来的那个基本视图。

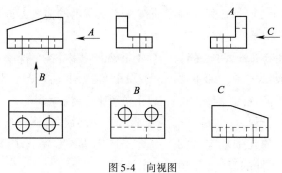

图 5-4 向视图

三、局部视图

将机件的某一部分向基本投影面投影所得的视图称为局部视图。有时机件的其他部分都表达清楚了,仅某个局部不清楚,可以采用局部视图表达,局部视图是一不完整的基本视图,这种表达方法的特点是重点突出,简单明了、画图简便、减少重复,如图 5-5 所示。

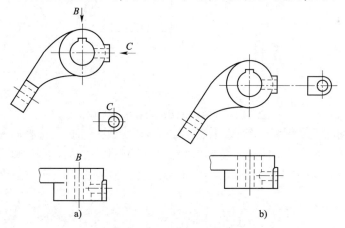

图 5-5 压紧杆局部视图

画局部视图时应注意:

(1)画局部视图时,其断裂边界画波浪线(图 5-5a)中 B 向局部俯视图所示)或双折线。当所表示的局部结构是完整的,且外形轮廓又自行封闭时,则不必画出波浪线,如图 5-5a)中的 C 向局部视图。

(2)局部视图的配置可选用以下形式,并进行必要的标注:

①按基本视图的配置形式配置,如图 5-5b)中位于俯视图处的局部视图,则不必标注。

②按向视图的配置形式配置和标注,如图 5-5a)中的 C 向局部视图。

③按第三角画法配置在含所需表示的局部结构的视图附近,如图 5-5b)中压紧杆右端凸台。此时,应用细点画线连接两图形,且不必标注。

四、斜视图

将机件向不平行于基本投影面的平面(指新增投影面)投影所得到的视图称为斜视图。一些机件上存在有一些不平行于基本投影面的表面,如采用基本视图表达则不能反映其真实形状。图 5-6a)是压紧杆的三视图,由于压紧杆的左侧耳板是倾斜的,所以它的俯视图和左视图均不反映实形,形状表达不清楚,也不便于画图、看图和标注尺寸。为了表达压紧杆的倾斜结构,可如图 5-6b)所示,增加一个平行于耳板的正垂面作为辅助投影面,沿垂直于正垂面的 A 向投射,在辅助平面上就可得到倾斜结构的实形,这个图形就是斜视图。

画斜视图时应注意:

(1)斜视图用于表达机件上的倾斜结构,画出倾斜结构的实形后,机件的其余部分不必画出,用波浪线断开即可,如图 5-7 所示。当所表示的斜视图结构是完整的,且外形轮廓已是自行封闭时,可以省去波浪线。

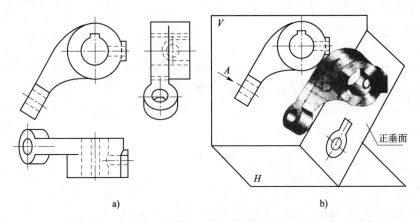

图 5-6 压紧杆三视图及斜视图的形成

(2)斜视图的配置和标注一般按向视图相应的规定,必要时,允许将斜视图旋转配置,此时应加注旋转符号,如图 5-7 所示。旋转符号为半径等于字体高度的半圆形箭头,表示斜视图名称的大写字母应靠近旋转符号的箭头端,也允许将旋转角度标在字母之后。

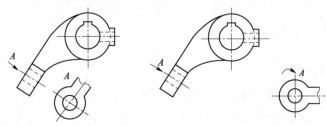

图 5-7 压紧杆斜视图的两种画法

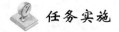 任务实施

一、任务准备

1. 组织方式

(1)场地设施:机械制图理实一体化教室(包含多媒体)。
(2)工具:绘图仪器、三角板、图板、图纸、机械制图习题集和智能手机。
(3)实施方式:将学生 4~6 人一组进行分组讨论。

2. 操作要求

(1)分析和表述问题逻辑清晰。
(2)语言表达流畅。
(3)逐步熟悉使用绘图工具。
(4)熟悉使用云平台。

在确定压紧杆零件的表达方法之前,首先分析其形状特点,无论怎样摆放都会出现不能真实表达部分形状的情况,所以采用斜视图是比较方便的表达方式,再确定用几个视图来表达。

二、实施步骤

图 5-8 是压紧杆形状的两种表达方案,都简单清楚地反映了压紧杆的形状,比较压紧杆的两种表达方案看,显然,图 5-8b)的视图布置更加紧凑、合理。

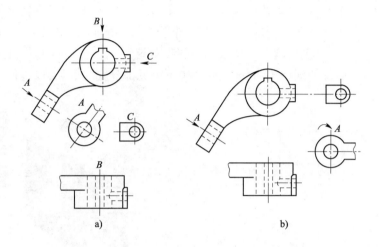

图 5-8　压紧杆的两种表达方案比较

 任务小结

视图主要用于表达机件的外部形状,基本视图表达机件整体形状,局部视图表达机件部分外部形状,而斜视图用于表达与基本投影面倾斜部分的外部形状,都有其特定的表达目的,在实际应用时应依据机件的外形结构合理选择。

学习任务 2　剖视图画法认知

 任务引入

视图主要用来表达机件的外部形状,当机件的内部结构比较复杂,如图 5-9 所示,视图上会出现较多虚线而使图形不清晰,不便于识图和标注尺寸。为了清晰地表达机件的内部结构,常采用剖视图的表达方式。剖视图的画法要遵循国家标准的规定。用适当的视图表达图 5-9 所示机件。

图 5-9　杠杆

 学习目标

(1)能根据机件的形状特点恰当选择剖视表达方法;
(2)能完整、清晰、简便地表达机件的内外部结构形状。
建议学时:4 学时。

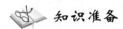

一、剖视图的概念

假想用剖切面剖开机件,将处在观察者与剖切面之间的部分移去,将其余部分向投影面投射所得的图形称为剖视图,简称剖视。剖视图的形成过程如图 5-10b)、c)、d)所示,剖切平面为正平面,剖切面过机件圆孔的轴线,将机件一分为二,成前后两部分,移去前部,按剖视图要求画出所留后部的剖视图,原在主视图中不可见部分变为可见,以清楚反映机件内部形状。

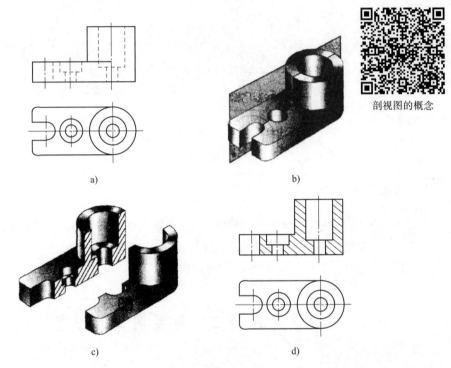

剖视图的概念

图 5-10 剖视图的形成

二、剖面符号

机件被假想剖开后,剖切面与机件的接触部分(即剖面区域)要画出与材料材质相对应的剖面符号,以便区别机件的实体与空心部分,如图 5-10d)中的主视图所示。《机械制图 剖面符号》(GB/T4457.5—1984)规定的剖面符号见表 5-1。

剖面符号(GB/T 4457.5—1984) 表 5-1

金属材料(已有规定剖面符号者除外)		木质胶合板	
线圈绕组元件		基础周围的泥土	

转子,电枢、变压器和电抗器等的迭钢片		混凝土	
非金属材料(已有规定剖面符号者除外)		钢筋混凝土	
型砂、填砂、粉末冶金、砂轮、陶瓷刀片、硬质合金刀片等		砖	
玻璃及供观察用的其他透明材料		格网(筛网、过滤网等)	
木材	纵剖面	液体	
	横剖面		

注:1. 剖面符号仅表示材料的类别,材料的代号和名称必须另行注明。
　　2. 迭钢片的剖面线方向,应与束装中迭钢片的方向一致。
　　3. 液面用细实线绘制。

在机械设计中,用金属材料制作的零件最多。为便于画图,国家标准规定,表示金属材料的剖面符号是最简明易画的平行细实线。这种剖面符号特称为剖面线。《技术制图 图样画法 剖面区域的表示法》(GB/T 17453—2005)中将此符号称作通用剖面线。

绘制剖面线时,同一机械图样(指零件图和装配图)中的同一金属零件的剖面线应方向应相同,间隔相等。剖面线的方向应与主要轮廓线或剖面区域的对称线成45°角(图5-10所示),特殊情况下可将剖面线画成30°或60°斜线,如图5-11、图5-12所示。剖面线的间隔应按剖面区域的大小选定。

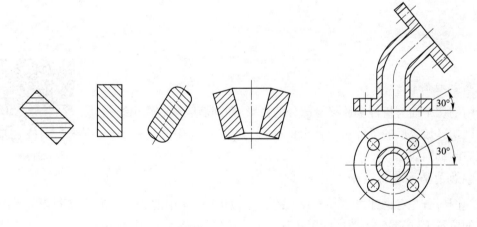

图5-11 剖面线的方向　　　　　图5-12 特殊情况下剖面线的画法

三、剖视图的画法

1. 剖切面位置的确定

一般用平面作为剖切面(也可用柱面)。为了表达机件内部结构的真实形状,避免剖切后产生不完整的结构要素,剖切平面通常平行于投影面,且通过机件内部孔、槽的轴线或对称面,如图 5-13 所示。

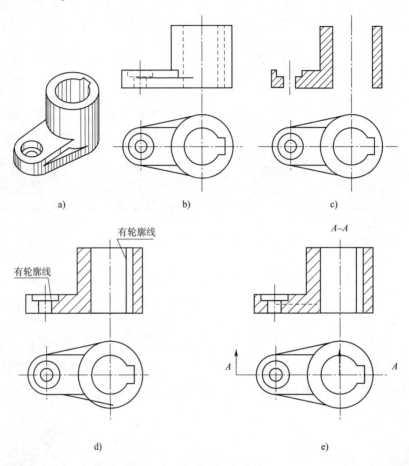

图 5-13　画剖视图的方法和步骤

2. 画剖视图

先画剖切平面与机件实体接触部分的投影,即剖面区域的轮廓线,然后再画出剖切区域之后的机件可见部分的投影,如图 5-14 中的主视图,在剖面区域内画剖面线。

剖视图的画法

3. 剖视图的配置与标注

剖视图应首先考虑配置在基本视图的方位,如图 5-14 中的 A-A;也可以按投影关系配置在相应的位置上;必要时才考虑配置在其他适当位置,如图 5-14 中的 B-B。

为便于读图,剖视图一般应标注,标注的内容包括以下三个要素:

(1)剖切线。指示剖切面的位置,用细点画线表示。剖视图中通常省略不画出。

(2)剖切符号。指示剖切面起止和转折位置(用粗短线表示)及投射方向(用箭头表示)的符号。

(3)字母。表示剖视图和剖切面的名称,用大写字母注写在剖视图的上方和剖切符号处。标注的形式如图5-14中的A-A。

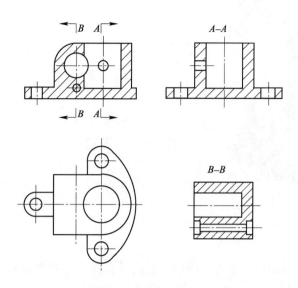

图5-14 画剖视图

下列情况的剖视图可省略标注：

（1）当单一剖切面通过机件的对称平面或基本对称平面，且剖视图按投影关系配置，中间没有其他图形隔开时，可不标注，如图5-12中的主视图。

（2）剖视图按基本视图或投影关系配置时，可省略箭头，如图5-13中的A-A。

4. 画剖视图时的注意问题

（1）剖视图只是假想将机件剖开，因此，在表达某一机件的一组视图中，一个视图画成剖视图以后，其他视图仍应完整画出。

（2）剖切面后面的可见部分应全部画出，不能遗漏。

5. 剖视图的种类及其应用

根据剖视图的剖切范围，可分为全剖视图、半剖视图和局部剖视图三种。前述剖视图的画法和标注，是对三种剖视图都适用的基本要求和规定。

1）全剖视图

全剖视图是用剖切面完全地剖开机件所得的剖视图，适用于表达外形比较简单，而内部结构较复杂且不对称的机件。

同一机件可以假想进行多次剖切，画出多个剖视图。必须注意，各剖视图的剖面线方向和间隔应完全一致。

在图5-15的主视图表示的全剖视图中，由于剖切平面通过机件上的三角形肋板，按国家标准规定，对于机件的肋、轮辐及薄壁等，如按纵向剖切，这些结构都不画剖面符号，而以粗实线将它们与其邻接部分分开，所以主视图中肋板的轮廓范围内不画剖面线。

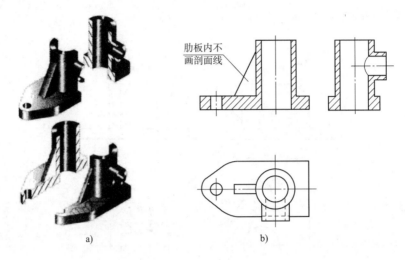

图 5-15 全剖视图

2) 半剖视图

当机件具有对称平面时,向垂直于对称平面的投影面上投射所得的图形,可以对称中心线为界,一半画成剖视图,另一半画成视图,这种剖视图称为半剖视图。半剖视图用于机件内外都需要兼顾表达的对称的图形。

如图 5-16 所示,机件左右及前后都对称,所以它的主视图、俯视图和左视图可分别画成半剖视。

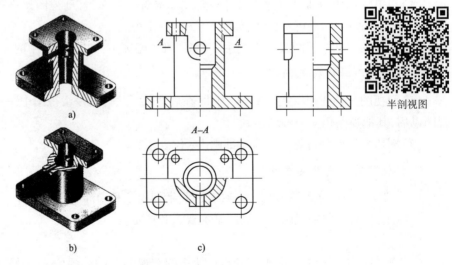

图 5-16 半剖视图

3) 局部剖视图

局部剖视图是用剖切面局部地剖切机件所得的剖视图。

如图 5-17 所示的箱体,其顶部有一矩形孔,底板上有四个安装孔,箱体的左右、上下、前后都不对称。为了兼顾内外结构形状的表达,将主视图画成两个不同剖切位置的局部剖视图。在俯视图上,为了保留顶部的外形,采用 A-A 剖切位置的局部剖视图。

局部剖视图的标注与全剖视图相同,当只用一个剖切平面且剖切位置明确时,局部剖视图不必标注。

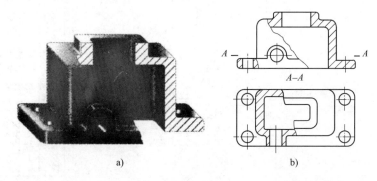

图 5-17 局部剖视(一)

局部剖视图的剖切位置和剖切范围根据需要而定,是一种比较灵活的表达方法,运用得当,可使图形表达得简洁而清晰。局部剖视图通常用于下列情况:

(1)当不对称机件的内、外形状均需要表达,或者只有局部结构的内形需剖切表示,而又不宜采用全剖视时。

(2)当对称机件的轮廓线与中心线重合,不宜采用半剖视时,如图 5-18 所示。

(3)当实心机件如轴、杆等上面的孔或槽等局部结构需剖开表达时。

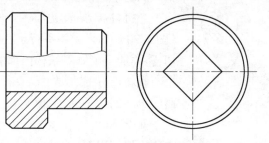

图 5-18 局部剖视图(二)

剖面线的画法

画局部剖视图时应注意以下几点:

(1)局部剖视图中剖开与未剖部分投影的分界线画波浪线,可看成是剖切机件裂痕的投影。波浪线应画在机件的实体上,不能超出实体的轮廓线,也不能画在机件的中空处。

(2)波浪线不应画在轮廓线的延长线上,也不能用轮廓线代替或与图样上其他图线重合,如图 5-19 所示。

为计算机绘图方便,局部剖视图的剖切范围也可用双折线代替波浪线分界。

6. 剖切面的选用

根据机件结构的特点和表达需要,可选用单一剖切面或几个平行的剖切平面或几个相交的剖切面剖开机件,画出相应的剖视图。

1)单一剖切面

当机件的内部结构位于一个剖切面上时,可选用单一剖切面。

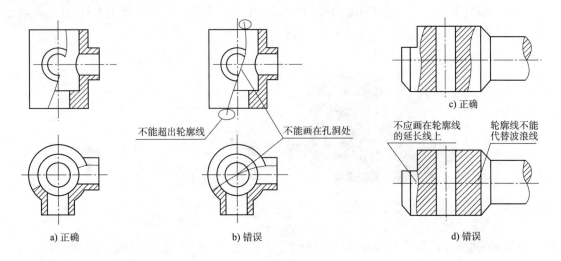

图 5-19 局部剖视图中波浪线画法

单一剖切面包括单一的剖切平面和柱面,应用最多的是单一剖切平面。单一剖切平面一般为投影面平行面。前面介绍的全剖视图、半剖视图和局部剖视图的例子都是采用平行于基本投影面的单一剖切平面剖开机件的,可见这种方法应用最普遍。

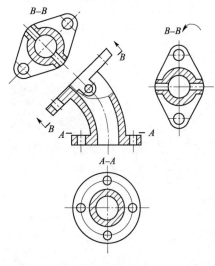

图 5-20 斜剖视图

当机件需要表达具有倾斜结构的内部形状时(图 5-20),如果采用平行于基本投影面的剖切平面剖切,将不能反映倾斜结构内部的实形。这时,可以用一个与倾斜部分的主要平面平行且垂直于某一基本投影面的单一剖切平面剖切,再投射到与剖切平面平行的投影面上,即可得到该部分内部结构的实形,这种剖视图称为斜剖视图,这种剖切时允许将图形转正,并加注旋转符号。如 5-20 中的 B-B 剖视图所示。单一剖切面还包括单一圆柱剖切面,采用柱面剖切时,机件的剖视图应按展开方式绘制。

2) 几个平行的剖切平面(阶梯剖)

当机件的内部结构位于几个平行平面上时,可采用几个平行的剖切平面同时剖切。

如图 5-21 所示,机件上几个孔的轴线不在同一平面内,如果用一个剖切平面剖切,不能将内部形状全部表达出来。

为此,采用两个互相平行的剖切平面沿不同位置孔的轴线同时剖切,这样就可在一个剖视图上把几个孔的形状表达清楚了。

这种剖视图的标注方法如图 5-21c) 所示,如果剖切符号的转折处位置有限时,可省略字母。

采用这种剖切平面画剖视图时应注意:

(1)因为剖切是假想的,所以在剖视图上不应画出剖切平面转折的界线。

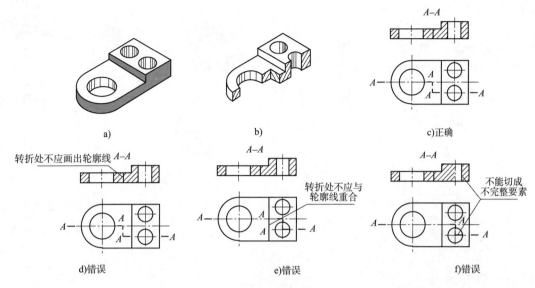

图 5-21 阶梯剖

(2)在剖视图中不应出现不完整要素,如图 5-21f)所示。仅当两个要素在图形上具有公共对称中心线或轴线时,方可各画一半,如图 5-22 中的 *A-A*。

3)几个相交的剖切面(旋转剖)

当机件的内部结构形状用单一剖切面不能完整表达时,可采用两个(或两个以上)相交的剖切面剖开机件,如图 5-23 ~ 图 5-25 所示,并将与投影面倾斜的剖切面剖开的结构及有关部分旋转到与投影面平行后再进行投射。

采用这种剖切面画剖视图时应注意:

(1)几个相交的剖切平面的交线必须垂直于某一投影面。

(2)应按先剖切后旋转的方法绘制剖视图。

(3)剖切面后面的结构(图 5-23 中的油孔),一般仍按原来的位置投射。

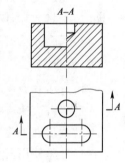

图 5-22 阶梯剖

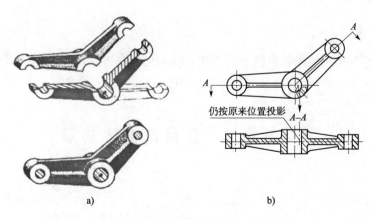

图 5-23 旋转剖(一)

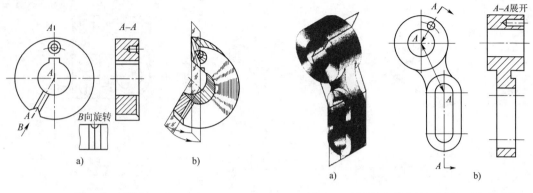

图 5-24 旋转剖(二)　　　　　图 5-25 用三个相交的剖切面剖切时的剖视图

任务实施

一、任务准备

1. 组织方式

(1) 场地设施:机械制图理实一体化教室(包含多媒体)。
(2) 工具:绘图仪器、三角板、图板、图纸、机械制图习题集和智能手机。
(3) 实施方式:将学生 4~6 人一组进行分组讨论。

2. 操作要求

(1) 分析和表述问题逻辑清晰。
(2) 语言表达流畅。
(3) 逐步熟悉使用绘图工具。
(4) 熟悉使用云平台。

二、实施步骤

按选定的表达方式,画出图 5-9 所示机件的视图。

任务小结

剖视图是零件图中应用较多的表达方式,其种类多,剖切形式灵活,剖切面的表达、剖视图的表达都有规定,应该很好地掌握,正确地应用到机件的表达之中。

学习任务 3　断面图画法认知

任务引入

如图 5-26 所示的轴、连杆、支架等零件,有时需要表达其某个部位的横断面形状,而不需要用左(或右)视图来表达,以便让视图表达更简单。用适当的表达方式,画出图 5-26 所示轴的视图。

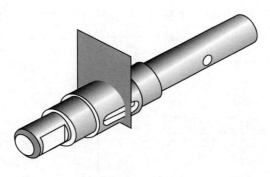

图 5-26　轴

 学习目标

能使用断面图的表达方式表达不同种类的零件。
建议学时:2 学时。

 知识准备

断面图

断面图概念:用剖切面假想地将物体的某处断开,仅画出该剖切面与物体接触部分的图形,这种图形称为断面图,简称断面。断面图与剖视图类似,但要注意区别。

如图 5-27a)所示的小轴,为了将轴上的键槽深度表达清楚及便于标注相应尺寸,假想用一个垂直于轴线的剖切平面在键槽处将轴切断,只画出断面的图形,并画上剖面符号,即为断面图,如图 5-27b)所示。

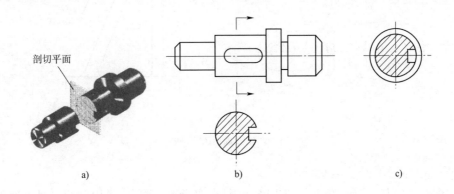

图 5-27　断面图的形成

剖视图与断面图的区别是:断面图只画机件被剖切后的断面形状,而剖视图除了画出断面形状之外,还必须画出机件上位于剖切平面后的形状,如图 5-27c)所示。断面图的画法要遵循国家标准。

按断面图配置位置不同,断面图分为移出断面图和重合断面图两种。

一、移出断面图的画法

(1)移出断面图的轮廓线用粗实线绘制。但要注意当剖切平面通过由回转面形成的孔或凹坑的轴线时(图5-28),这些细小结构应按剖视绘制。当剖切平面通过非圆孔会导致完全分离的断面时(图5-29),也应按剖视图绘制。

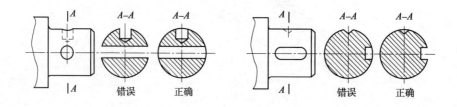

图5-28　移出断面图的画法(一)

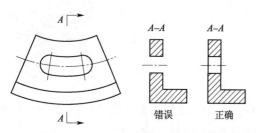

图5-29　移出断面图的画法(二)

(2)当断面图形对称时,也可画在视图的中断处,如图5-30a)所示,此时,视图应用波浪线(或双折线)断开。

(3)剖切平面应与被剖切部分的主要轮廓线垂直。由两个(或多个)相交的剖切平面剖切得出的移出断面,中间一般应断开,如图5-30b)所示。

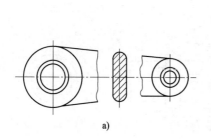
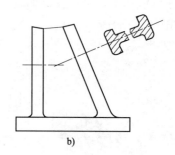

图5-30　移出断面图的画法

(4)移出断面图的配置与标注。

①未配置在剖切线延长线上的移出断面图,当图形不对称时,要用剖切符号表明剖切位置,画箭头指示投射方向,并注写字母,如图5-31中的 A-A;如果图形对称,可省略箭头,如图5-31中的 B-B。

②配置在剖切符号延长线上的移出断面图,当图形不对称时,可省略字母,如图5-31b)所示;若图形对称可不标注,此时,应用细点画线画出剖切线,如图5-31a)右端。

③按投影关系配置的移出断面图,可省略箭头,如图5-27b)中的 A-A。

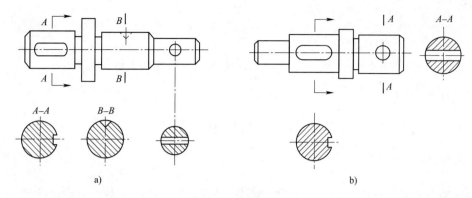

图 5-31　断面图

二、重合断面图的画法

画在视图轮廓线之内的断面图称为重合断面图。

重合断面图的轮廓线用细实线绘制。当视图中的轮廓线与重合断面图的图形重合时视图中的轮廓线仍应连续画出,不可间断,如图 5-32 所示。

重合断面图

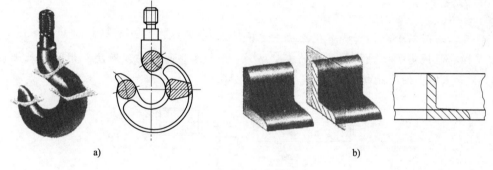

图 5-32　重合断面图的画法

重合断面图的标注:对称的重合断面不必标注,如图 5-32a)所示;不对称的重合断面,在不致引起误解时可省略标注,如图 5-32b)所示。

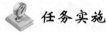任务实施

一、任务准备

1. 组织方式

(1)场地设施:机械制图理实一体化教室(包含多媒体)。

(2)工具:绘图仪器、三角板、图板、图纸、机械制图习题集,智能手机。

(3)实施方式:将学生 4~6 人分成一组进行分组讨论。

2. 操作要求

(1)分析和表述问题逻辑清晰。

(2)语言表达流畅。

(3) 能画断面图。

(4) 熟悉使用云平台。

根据图 5-26 所示轴的结构特点,采用主视图及三个断面图表达较为简单。

二、实施步骤

先画出轴的主视图,再画三个不同轴段的断面图。

 任务小结

断面图的主要应用是表达机件某处的横断面形状,分移出断面和重合断面两种,应根据视图的情况而选择。

学习任务 4　局部放大图、简化画法及其他表达方法认知

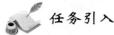 **任务引入**

机件上某些细小结构在基本视图上表达不清楚,这些细小结构处的尺寸也不便标注,对此国家标准还规定了一种局部放大的表达方法,使得这些问题得以解决。用局部放大图将图 5-33 所示轴上细小结构表达清楚。

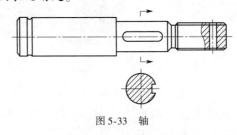

图 5-33　轴

 学习目标

(1) 能使用局部放大图的画法表达零件的细小结构。

(2) 能使用国家标准规定的各类简化画法表达零件。

建议学时:2 学时。

 知识准备

一、局部放大图

将机件的部分结构,用大于原图形所采用的比例画出的图形,称为局部放大图。当同一机件上有几处需要放大时,可用细实线圈出被放大的部位,用罗马数字依次标明放大的部位,并在局部放大图的上方标注出相应的罗马数字和所采用的比例。对于同一机件上不同部位,但图形相同或对称时,只需画出一个局部放大图,如图 5-34 所示。

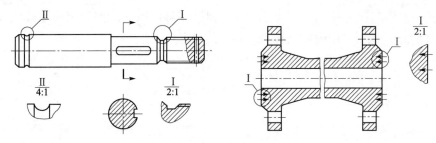

图 5-34 局部放大图

二、其他简化画法与规定画法

(1) 纵向剖切机件上的肋、轮辐及薄壁等结构时,这些结构都不画剖面符号,而用粗实线将它与其邻接部分分开。当机件回转体上均匀分布的肋、轮辐、孔等结构不处于剖切平面上时,可将这些结构旋转到剖切平面上画出,如图 5-35 所示。

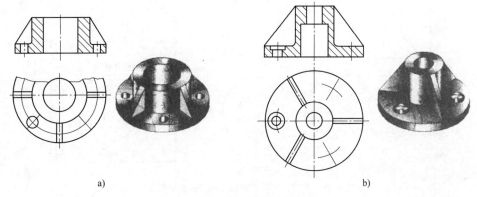

图 5-35 均布肋、孔等结构的简化画法

(2) 若机件上有规律分布的重复结构要素(如齿、槽),允许只画出其中一个或几个完整结构,其余的可用细实线连接或仅画出它们的中心位置,如图 5-36 所示。

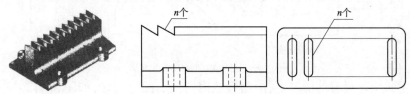

图 5-36 相同结构的简化画法

(3) 在不致引起误解时,对称机件的视图可只画一半或 1/4,并在对称中心线的两端画出两条与其垂直的平行细线,如图 5-37 所示。

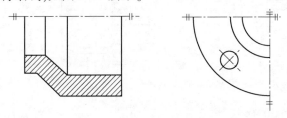

图 5-37 对称机件简化的画法

(4) 在不致引起误解时，图形中的过渡线、相贯线可以简化。例如用圆弧或直线代替非圆曲线(图 5-38)，也可采用模糊画法表示相贯线(图 5-39)。

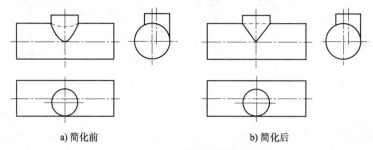

图 5-38　相贯线的简化画法

(5) 与投影面倾斜角度小于或等于 30°的圆或圆弧，其投影可用圆或圆弧代替真实投影的椭圆，如图 5-39 所示。

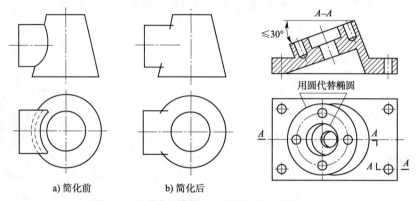

图 5-39　相贯线的模糊画法和倾斜投影的简化画法

(6) 为减少视图数，可用细实线画出对角线表示回转体机件上的平面，如图 5-40 所示。

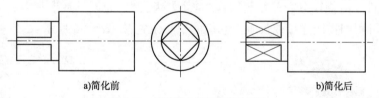

图 5-40　回转体上平面的简化画法

(7) 在不致引起误解的情况下，剖面区域内的剖面线可省略，如图 5-41a) 所示，也可以用涂色或点阵代替剖面线，如图 5-41b) 所示。

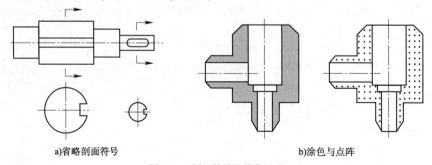

图 5-41　剖面符号的简化画法

(8) 较长的机件（如轴、杆、型材或连杆等）沿长度方向的形状相同或按一定规律变化时，允许采用断开画法，但标注尺寸时仍标注其实际尺寸，如图 5-42 所示。

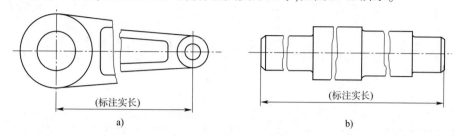

图 5-42　较长机件折断画法

以上介绍了视图、剖视图、断面图及一些规定画法和简化画法，这些表达方法在表达机件时有着各自的特点和应用场合。

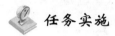

一、任务准备

1. 组织方式

(1) 场地设施：机械制图理实一体化教室（包含多媒体）。
(2) 工具：绘图仪器、三角板、图板、图纸、机械制图习题集和智能手机。
(3) 实施方式：将学生 4~6 人分成一组进行分组讨论。

2. 操作要求

(1) 分析和表述问题逻辑清晰。
(2) 语言表达流畅。
(3) 逐步熟悉使用绘图工具。
(4) 熟悉使用云平台。

图 5-33 所示轴的左右两段轴上有不同结构的环槽，而环槽的结构尺寸在主视图上不便标注，可将两处细小结构进行局部放大。

二、任务实施

注意放大比例的选择，局部放大图的表达方式的选择，可用剖视也可用视图。

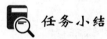

局部放大图主要用于表达机件上细小部位的结构，这些细小结构在基本视图上表达不清。常用的规定简化画法主要是为方便画图，在不致误解的前提下使用，这些我们在看图时应该能正确理解。

项目六　标准件和常用件绘制与识读

  项目概述

在各种机械设备中,除去一般的零件外,还广泛存在着螺钉、螺母、垫圈、键、销、滚动轴承、齿轮、弹簧等标准件和常用件。由于这些零部件的用途十分广泛,而且用量又大,国家有关部门批准并发布了各种标准件和常用件的相关标准。

对于结构、尺寸均已进行标准化的,称为标准件。

对于仅将部分结构和参数进行标准化、系列化的,称为常用件。

使用标准件和常用件的优点有:第一,提高零部件的互换性,利于装配和维修;第二,便于大批量生产,降低成本;第三,便于设计选用,以避免设计人员的重复劳动和提高绘图效率。

  主要学习目标

1. 能力目标

(1)能完成纹紧固件的连接画法;

(2)能完成键连接的画法;

(3)能完成销连接的画法;

(4)能完成直齿圆柱齿轮的画法、尺寸标注和啮合画法;

(5)能按标准件的规定查阅其有关标准。

2. 知识目标

(1)能描述螺纹的规定画法和标注方法;

(2)能描述常用螺纹紧固件的规定标记,以及它们的连接画法;

(3)能描述键连接和销连接的画法和键、销的规定标记;

(4)能描述齿轮的基本知识、圆柱齿轮基本参数的计算方法以及齿轮和蜗杆、蜗轮的规定画法;

(5)能描述轴承的简化画法和规定标记。

3. 职业素养目标

培养认真细致、团队合作、严谨的工作作风。

学习任务 1　螺纹和螺纹紧固件绘制与识读

任务引入

在各种机器设备中,经常会看到一些螺栓、螺母、螺钉等零件,起着连接的作用。这些零件的共同特点——都有螺纹。在日常生活中,螺纹也随处可见。螺纹要满足怎样的条件才能够互相啮合?

学习目标

(1)能描述螺纹的形成过程;
(2)能正确描述螺纹的五个要素;
(3)能按螺纹的规定画法画出外螺纹、内螺纹和螺纹连接;
(4)能按螺纹的标记规定在图样中进行标注。

建议学时:2 学时。

知识准备

螺纹是在圆柱或圆锥表面上,沿着螺旋线形成的具有相同剖面形状(如等边三角形、正方形、梯形、锯齿形……)的连续凸起和沟槽。在圆柱或圆锥外表面所形成的螺纹称为外螺纹,在圆柱或圆锥内表面所形成的螺纹称为内螺纹。用于连接的螺纹称为连接螺纹;用于传递运动或动力的螺纹称为传动螺纹。

一、螺纹的形成和基本要素

1. 螺纹的形成

各种螺纹都是根据螺旋线原理加工而成,螺纹加工大部分采用机械化批量生产。

螺纹的分类　　螺纹的形成　　螺纹的参数

小批量、单件产品,外螺纹可采用车床加工,如图 6-1 所示。内螺纹可以在车床上加工,也可以先在工件上钻孔,再用丝锥攻制而成,如图 6-2 所示。

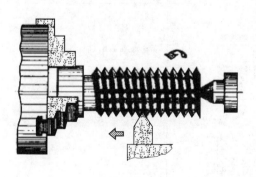

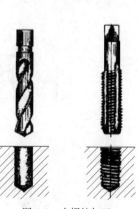

图 6-1　外螺纹加工　　　　　　图 6-2　内螺纹加工

2. 螺纹的基本要素

螺纹的基本要素包括牙型、直径(大径、小径、中径)、螺距和导程、线数、旋向等。

1) 牙型

在通过螺纹轴线的剖面上,螺纹的轮廓形状称为螺纹牙型。常见的螺纹牙型有三角形(60°、55°)、梯形、锯齿形、矩形等。常见标准螺纹的牙型及符号见表6-1。

常用标准螺纹的种类和代号　　　　　　　表6-1

螺纹分类及特征代号			牙型及牙型角	说　明
连接螺纹	普通螺纹	粗牙普通螺纹(M)	60°	用于一般零件的连接,是应用最广的连接螺纹
		细牙普通螺纹(M)		在大径相同的情况下,它的螺距比粗牙螺纹小,多用于精密零件、薄壁零件或负荷大的零件
	管螺纹	55°非密封管螺纹(G)	55°	用于非螺纹密封的低压管路的连接。如自来水管、煤气管等
		55°密封管螺纹	圆锥外螺纹(R_1 或 R_2)	55°
			圆锥内螺纹(Rc)	55°	用于螺纹密封的中高压管路的连接: R_1——与圆柱内螺纹相配合的圆锥外螺纹; R_2——与圆锥内螺纹相配合的圆锥外螺纹
			圆柱内螺纹(Rp)	55°	
传动螺纹	梯形螺纹(Tr)		30°	传递动力用,如机床丝杠等
	锯齿形螺纹(B)		30° 3°	传递单向动力,如螺旋压泵

2)螺纹的直径(图6-3)

大径 d、D 是指与外螺纹的牙顶或内螺纹的牙底相切的假想圆柱或圆锥的直径。内螺纹的大径用大写字母表示,外螺纹的大径用小写字母表示。

小径 d_1、D_1 是指与外螺纹的牙底或内螺纹的牙顶相切的假想圆柱或圆锥的直径。

中径 d_2、D_2 是指一个假想的圆柱或圆锥直径,该圆柱或圆锥的母线通过牙型上沟槽和凸起宽度相等的地方。

公称直径表示螺纹尺寸的直径,指螺纹大径的公称尺寸。

3)线数

形成螺纹的螺旋线条数称为线数,线数用字母 n 表示。沿一条螺旋线形成的螺纹称为单线螺纹,沿两条以上螺旋线形成的螺纹称为多线螺纹,如图6-4所示。

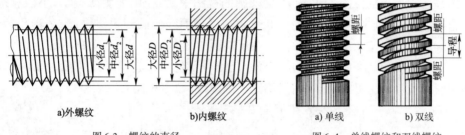

图6-3　螺纹的直径　　　　图6-4　单线螺纹和双线螺纹

4)螺距和导程

相邻两牙在中径线上对应两点间的轴向距离称为螺距,螺距用字母 P 表示。同一螺旋线上的相邻两牙在中径线上对应两点间的轴向距离称为导程,导程用字母 P_h 表示,如图6-4所示。线数 n、螺距 P 和导程 P_h 之间的关系为:$P_h = P \times n$。

5)旋向

螺纹分为左旋螺纹和右旋螺纹两种。顺时针旋转时旋入的螺纹是右旋螺纹;逆时针旋转时旋入的螺纹是左旋螺纹,如图6-5所示。工程上常用右旋螺纹。

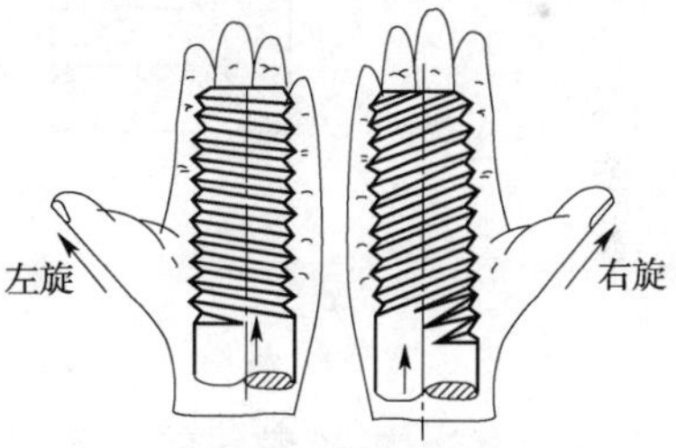

国家标准对螺纹的牙型、大径和螺距做了统一规定。这三项要素均符合国家标准的螺纹称为标准螺纹;凡牙型不符合国家标准的螺纹称为非标准螺纹;只有牙型符合国家标准的螺纹称为特殊螺纹。

图6-5　螺纹的旋向

二、螺纹的规定画法

螺纹一般不按真实投影作图,而是采用机械制图国家标准规定的画法以简化作图过程。

1. 外螺纹的画法

外螺纹的大径用粗实线表示,小径用细实线表示。螺纹小径按大径的0.85倍绘制。在不反映圆的视图中,小径的细实线应画入倒角内,螺纹终止线用粗实线表示,如图6-6a)所示。当需要表示螺纹收尾时,螺纹尾部的小径用与轴线成30°的细实线绘制,如图6-6b)所示。在反映圆的视图中,表示小径的细实线圆只画约3/4圈,螺杆端面上的倒角圆省略不画,如图6-6所示。剖视图中的螺纹终止线和剖面线画法如图6-6c)所示。

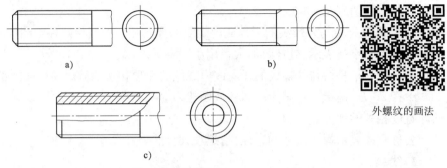

图 6-6 外螺纹画法

2. 内螺纹的画法

内螺纹通常采用剖视图表达,在不反映圆的视图中,大径用细实线表示,小径和螺纹终止线用粗实线表示,且小径取大径的 0.85 倍,注意剖面线应画到粗实线;若是盲孔,终止线到孔的末端的距离可按 0.5 倍大径绘制;在反映圆的视图中,大径用约 3/4 圈的细实线圆弧绘制,孔口倒角圆不画,如图 6-7a)、b)所示。当螺孔相交时,其相贯线的画法如图 6-7c)所示。当螺纹的投影不可见时,所有图线均画成细虚线,如图 6-7d)所示。

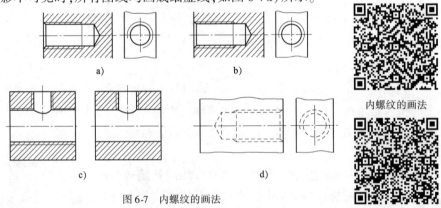

图 6-7 内螺纹的画法

3. 内、外螺纹旋合的画法

只有当内、外螺纹的五项基本要素相同时,内、外螺纹才能进行连接。用剖视图表示螺纹连接时,旋合部分按外螺纹的画法绘制,未旋合部分按各自原有的画法绘制。如图 6-8 和图 6-9 所示。画图时必须注意:表示内、外螺纹大径的细实线和粗实线,以及表示内、外螺纹小径的粗实线和细实线应分别对齐;在剖切平面通过螺纹轴线的剖视图中,实心螺杆按不剖绘制。

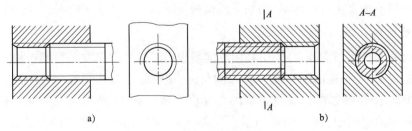

图 6-8 内、外螺纹旋合画法(一)

三、螺纹的标注方法

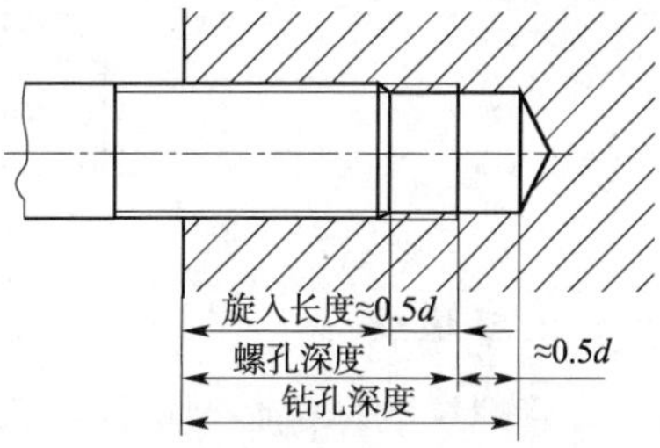

由于螺纹的规定画法不能表达出螺纹的种类和螺纹的要素,因此在图中对标准螺纹需要进行正确的标注。下面分别介绍各种螺纹的标注方法。

1. 普通螺纹

普通螺纹用尺寸标注形式注在内、外螺纹的大径上,其标注的具体项目和格式如下:

图 6-9 内、外螺纹旋合画法(二)

| 螺纹代号 | 公称直径 | × | 螺距 | 旋向 | — | 中径公差带代号 | 顶径公差带代号 | — | 旋合长度代号 |

普通螺纹的螺纹代号用字母"M"表示。

普通粗牙螺纹不必标注螺距,普通细牙螺纹必须标注螺距。公称直径、导程和螺距数值的单位为 mm。

右旋螺纹不必标注,左旋螺纹应标注字母"LH"。

中径公差带代号和顶径公差带代号由表示公差等级的数字和字母组成。大写字母代表内螺纹,小写字母代表外螺纹。顶径是指外螺纹的大径和内螺纹的小径,若两组公差带相同,则只写一组。表示内、外螺纹旋合时,内螺纹公差带在前,外螺纹公差带在后,中间用"/"分开。在特定情况下,中等公差精度螺纹不注公差带代号(内螺纹:5H,公称直径小于和等于 1.4mm 时;6H,公称直径大于和等于 1.6mm 时。外螺纹:5h,公称直径小于和等于 1.4mm 时;6h,公称直径大于和等于 1.6mm 时。)

普通螺纹的旋合长度分为短、中、长三组,其代号分别是 S、N、L。若是中等旋合长度,其旋合代号 N 可省略。

图 6-10 所示为普通螺纹标注示例。

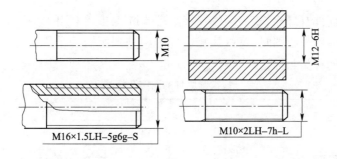

图 6-10 普通螺纹标注示例

2. 传动螺纹

传动螺纹主要指梯形螺纹和锯齿形螺纹,它们也用尺寸标注形式,注在内外螺纹的大径上,其标注的具体项目及格式如下:

| 螺纹代号 | 公称直径 | × | 导程(P 螺距) | 旋向 | — | 中径公差带代号 | — | 旋合长度代号 |

图 6-11 所示为传动螺纹标注示例。

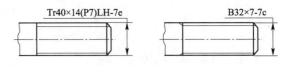

图 6-11 传动螺纹标注示例

3. 管螺纹

管螺纹的标记必须标注在大径的引出线上。常用的管螺纹分为螺纹密封的管螺纹和非螺纹密封的管螺纹。这里要注意,管螺纹的尺寸代号并不是指螺纹大径,也不是管螺纹本身任何一个直径,其大径和小径等参数可从有关标准中查出。

管螺纹标注的具体项目及格式如下。

螺纹密封管螺纹代号:| 螺纹特征代号 | 尺寸代号 | × | 旋向代号 |

非螺纹密封管螺纹代号:| 螺纹特征代号 | 尺寸代号 | 公差等级代号 |—| 旋向代号 |

图 6-12 所示为管螺纹标注示例。

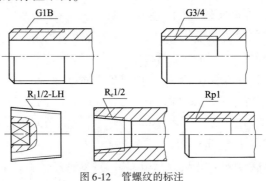

图 6-12 管螺纹的标注

四、常用螺纹紧固件的种类和标记

常用螺纹紧固件有螺栓、双头螺柱、螺钉、螺母和垫圈。它们的结构、尺寸都已分别标准化,称为标准件,使用或绘图时,可以从相应标准中查到所需的结构尺寸。表 6-2 中列出了常用螺纹紧固件的种类与标记。

螺纹紧固件的图例及标注 表 6-2

名称	图 例	标记及说明	名称	图 例	标记及说明
六角头螺栓		螺栓 GB/T 5780 M10×60 六角头螺栓,公称直径 10mm,公称长度 60m	六角螺母		螺母 GB/T 6170 M12 A级Ⅰ型六角螺母,公称直径 12mm
双头螺柱		螺柱 GB/T 897 M10×50 双头螺柱,公称直径 10mm,公称长度 50mm	六角开槽螺母		螺母 GB/T 6179 M12 A级Ⅱ型六角开槽螺母,公称直径 12mm

续上表

名称	图例	标记及说明	名称	图例	标记及说明
开槽沉头螺钉		螺钉 GB/T 68 M8×50 开槽沉头螺钉,公称直径8mm,公称长度50mm	平垫圈		垫圈 GB/T 97.1 12 A级平垫圈,公称尺寸12mm
开槽圆柱头螺钉		螺钉 GB/T 65 M8×50 开槽圆柱头螺钉,公称直径8mm,公称长度50mm	弹簧垫圈		垫圈 GB/T 93 20 标准型弹簧垫圈,公称尺寸20mm

1. 螺栓

螺栓由头部及杆部两部分组成,头部形状以六角形的应用最广。决定螺栓的规格尺寸为螺纹公称直径 d 及螺栓长度 L,选定一种螺栓后,其他各部分尺寸可根据有关标准查得。

螺栓的标记形式: 名称 标准代号 特征代号 公称直径 × 公称长度

例如:螺栓 GB/T 5782—2000 M12×80,是指公称直径 $d=12$,公称长度 $L=80$(不包括头部)的螺栓。

2. 双头螺柱

双头螺柱的两头制有螺纹,一端旋入被连接件的预制螺孔中,称为旋入端;另一端与螺母旋合,紧固另一个被连接件,称为紧固端。双头螺柱的规格尺寸为螺柱直径 d 及紧固端长度 L,其他各部分尺寸可根据有关标准查得。

双头螺柱的标记形式: 名称 标准代号 特征代号 公称直径 × 公称长度

例如:螺柱 GB/T 898—1988 M10×50,是指公称直径 $d=10$,公称长度 $L=50$(不包括旋入端)的双头螺柱。

3. 螺母

螺母通常与螺栓或螺柱配合着使用,起连接作用,以六角螺母应用最广。螺母的规格尺寸为螺纹公称直径 D,选定一种螺母后,其各部分尺寸可根据有关标准查得。

螺母的标记形式: 名称 标准代号 特征代号 公称直径

例如:螺母 GB/T 6170—2000 M12,指螺纹规格 $D=M12$ 的螺母。

4. 垫圈

垫圈通常垫在螺母和被连接件之间,目的是增加螺母与被连接零件之间的接触面,保护被连接件的表面不致因拧螺母而被刮伤。垫圈分为平垫圈和弹簧垫圈,弹簧垫圈还可以防止因振动而引起的螺母松动。选择垫圈的规格尺寸为螺栓直径 d,垫圈选定后,其各部分尺寸可根据有关标准查得。

平垫圈的标记形式：|名称| |标准代号| |规格尺寸|—|性能等级|

弹簧垫圈的标记形式：|名称| |标准代号| |规格尺寸|

例如：垫圈 GB/T 97.1—1985 16—140HV，指规格尺寸 $d=16$，性能等级为 140HV 的平垫圈。垫圈 GB/T 93—1987 20，指规格尺寸为 $d=20$ 的弹簧垫圈。

5. 螺钉

螺钉按使用性质可分为连接螺钉和紧定螺钉两种，连接螺钉的一端为螺纹，另一端为头部。紧定螺钉主要用于防止两相配零件之间发生相对运动的场合。螺钉规格尺寸为螺钉直径 d 及长度 L，可根据需要从标准中选用。

螺钉的标记形式：|名称| |标准代号| |特征代号| |公称直径|×|公称长度|

例如：螺钉 GB/T 65—2000 M10×40，是指公称直径 $d=10$，公称长度 $L=40$（不包括头部）的螺钉。

五、常用螺纹紧固件及连接图画法

1. 螺栓连接

螺栓用来连接两个不太厚并能钻成通孔的零件，并与垫圈、螺母配合进行连接，如图 6-13 所示。

螺栓连接装配画法

1) 螺栓连接中的紧固件画法

螺栓连接的紧固件有螺栓、螺母和垫圈。紧固件一般用比例画法绘制。所谓比例画法就是以螺栓上螺纹的公称直径为主要参数，其余各部分结构尺寸均按与公称直径成一定比例关系绘制。

尺寸比例关系如下（图 6-14）。

螺栓：d、L（根据要求确定）。$d_1 \approx 0.85d$，$b \approx 2d$，$e=2d$，$R_1=d$，$R=1.5d$，$k=0.7d$，$c=0.1d$。

图 6-13 螺栓连接

螺母：D（根据要求确定）$m=0.8d$，其他尺寸与螺栓头部相同。

垫圈：$d_2=2.2d$，$d_1=1.1d$，$d_3=1.5d$，$h=0.15d$，$s=0.2d$，$n=0.12d$。

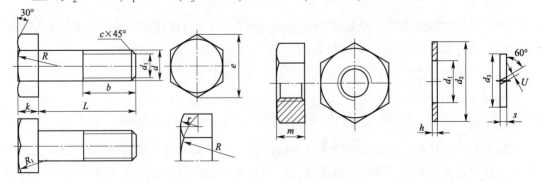

a) 六角头螺栓的比例画法　　b) 六角螺母的比例画法　　c) 垫圈的比例画法

图 6-14　螺栓、螺母、垫圈的比例画法

2)螺栓连接的画法

用比例画法画螺栓连接的装配图时,应注意以下几点:

(1)两零件的接触表面只画一条线,并不得加粗。凡不接触的表面,不论间隙大小,都应画出间隙(如螺栓和孔之间应画出间隙)。

(2)剖切平面通过螺栓轴线时,螺栓、螺母、垫圈可按不剖绘制,仍画外形。必要时,可采用局部剖视。

(3)两零件相连接时,不同零件的剖面线方向应相反,或者方向一致而间隔不等。

(4)螺栓长度 $L \geq t_1 + t_2 +$ 垫圈厚度 $+$ 螺母厚度 $+ (0.2 \sim 0.3)d$,根据上式的估计值,然后选取与估算值相近的标准长度值作为 L 值。

(5)被连接件上加工的螺栓孔直径稍大于螺栓直径,取 $1.1d$。

螺栓连接的比例画法如图 6-15 所示。

2. 螺柱连接

当两个被连接件中有一个很厚,或者不适合用螺栓连接时,常用双头螺柱连接。双头螺柱两端均加工有螺纹,一端与被连接件旋合,另一端与螺母旋合,如图 6-16a)所示。用比例画法绘制双头螺柱的装配图时应注意以下几点:

(1)旋入端的螺纹终止线应与结合面平齐,表示旋入端已经拧紧。

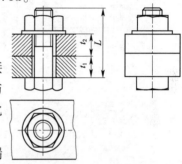

图 6-15 螺栓连接图

(2)旋入端的长度 b_m 要根据被旋入件的材料而定,被旋入端的材料为钢时,$b_m = 1d$;被旋入端的材料为铸铁或铜时,$b_m = 1.25d \sim 1.5d$;被连接件为铝合金等轻金属时,取 $b_m = 2d$。

(3)旋入端的螺孔深度取 $b_m + 0.5d$,钻孔深度取 $b_m + d$,如图 6-16 所示。

(4)螺柱的公称长度 $L \geq \delta +$ 垫圈厚度 $+$ 螺母厚度 $+ (0.2 \sim 0.3)d$,然后选取与估算值相近的标准长度值作为 L 值。

双头螺柱连接的比例画法如图 6-16b)所示。

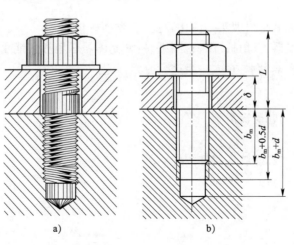

双头螺栓装配画法

图 6-16 双头螺柱连接图

3. 螺钉连接

螺钉连接一般用于受力不大又不需要经常拆卸的场合,如图 6-17 所示。

用比例画法绘制螺钉连接,其旋入端与螺柱相同,被连接板的孔部画法与螺栓相同,被连接板的孔径取 1.1d。螺钉的有效长度 $L = \delta + b_m$,并根据标准校正。画图时注意以下两点:

(1)螺钉的螺纹终止线不能与结合面平齐,而应画在盖板的范围内。

(2)具有沟槽的螺钉头部,在主视图中应被放正,在俯视图中规定画成45°倾斜。

螺钉连接的比例画法如图 6-18 所示。

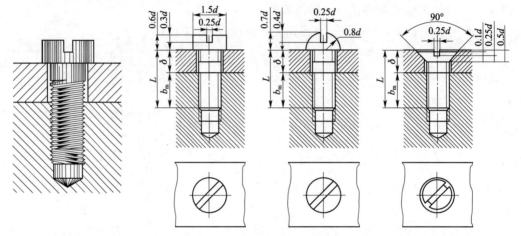

图 6-17　螺钉连接　　　　　　图 6-18　螺钉连接的比例画法

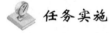
任务实施

一、任务准备

1. 组织方式

(1)场地设施:机械制图理实一体化教室(包含多媒体)。

(2)工具:绘图仪器、三角板、图板、图纸、机械制图习题集和智能手机。

(3)实施方式:将学生 4~6 人一组进行分组讨论。

2. 操作要求

(1)分析和表述问题逻辑清晰。

(2)语言表达流畅。

(3)能绘制螺纹件和螺纹连接件图样。

(4)熟悉使用云平台。

二、操作步骤

1. 螺栓连接

(1)螺栓连接的适用场合。螺栓用来连接两个不太厚并能钻成通孔的零件,并与垫圈、螺母配合进行连接。

(2)螺栓连接的画法(图6-19)。

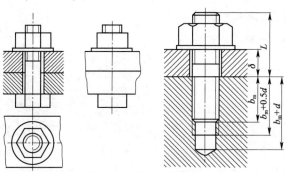

图6-19　螺栓连接画法

(3)螺栓连接画法的注意点。

五线口诀:一条线,两条线,相同线,相反线,外形线。

2. 双头螺柱连接

(1)双头螺柱连接的适用场合。当两个被连接件中有一个很厚,或者不适合用螺栓连接时,常用双头螺柱连接。

(2)双头螺柱连接的画法。

(3)双头螺柱连接画法的注意点。

七线口诀:一条线,两条线,相同线,相反线,外形线,平齐线,对齐线。

 任务小结

(1)螺纹的五个要素,强调螺纹的三个基本要素。

(2)内、外螺纹的直径及表示字母。

强调:外螺纹的顶径指大径;底径指小径;内螺纹的顶径指小径;底径指大径。

(3)单个螺纹的画法,抓住三条基本线:大径线、小径线、螺纹终止线。

(4)内、外螺纹连接的画法。强调:旋合部分按照外螺纹画法表示。

学习任务2　键连接、销连接绘制与识读

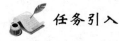 任务引入

零件与零件之间是靠什么方法连接在一起?引导学生思考齿轮和轴之间动力传递,引入键连接、销连接。

 学习目标

(1)能描述键的类型;

（2）能对普通平键进行标记；
（3）能完成键链接的画法；
（4）能描述销的种类、型式和标记。
建议学时：1学时。

知识准备

一、键连接

1. 键连接的作用和种类

键的分类　　　　键的原理　　　　键的应用

键主要用于轴和轴上的零件（如带轮、齿轮等）之间的连接，起着传递转矩的作用。如图6-20所示，将键嵌入轴上的键槽中，再将带有键槽的齿轮装在轴上，当轴转动时，因为键的存在，齿轮就与轴同步转动，达到传递动力的目的。键的种类很多，常用的有普通平键、半圆键和钩头楔键三种。

2. 普通平键的种类和标记

普通平键根据其头部结构的不同可以分为圆头普通平键（A型）、平头普通平键（B型）、和单圆头普通平键（C型）三种类型，如图6-21所示。

键连接的分类和特点

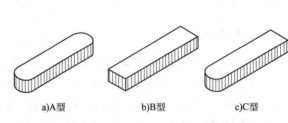

图6-20　键连接　　　　　　　图6-21　普通平键的类型

普通平键的标记格式和内容为：键　类型代号　宽度×长度　标准代号，其中A型可省略型式代号。例如：宽度 $b=18$mm，高度 $h=11$mm，长度 $L=100$mm 的圆头普通平键（A型），其标记是：键 18×100 GB 1096—1979。宽度 $b=18$mm，高度 $h=11$mm，长度 $L=100$mm 的平头普通平键（B型），其标记是：键 B 18×100 GB 1096—1979。宽度 $b=18$mm，高度 $h=11$mm，长度 $L=100$mm 的单圆头普通平键（C型），其标记是：键 C 18×100 GB 1096—1979。

3. 普通平键的连接画法

采用普通平键连接时，键的长度 L 和宽度 b 要根据轴的直径 d 和传递的转矩大小从标准中选取适当值。轴和轮毂上的键槽的表达方法及尺寸如图6-22所示。在装配图上，普通平键的连接画法如图6-23所示。

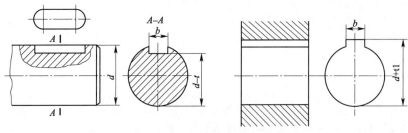

普通平键和半圆键
装配连接图的画法
及尺寸标注法

图 6-22　轴和轮毂上的键槽

二、销连接

销主要用来固定零件之间的相对位置,起定位作用,也可用于轴与轮毂的连接,传递不大的载荷,还可作为安全装置中的过载剪断元件。销的常用材料为 35、45 钢。

销的原理　　销的应用

销有圆柱销和圆锥销两种基本类型,这两类销均已标准化。圆柱销利用微量过盈固定在销孔中,经过多次装拆后,连接的紧固性及精度降低,故只宜用于不常拆卸处。圆锥销有 1:50 的锥度,装拆比圆柱销方便,多次装拆对连接的紧固性及定位精度影响较小,因此应用广泛。

销连接的画法如图 6-24 所示。常用销的种类、型式、标记见表 6-3。

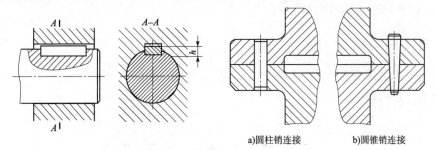

图 6-23　普通平键的连接画法　　图 6-24　销连接的画法

常用销的种类、型式、标记　　表 6-3

名称及标准	型式及主要尺寸	标　记
圆柱销 GB/T 119.2—2000		A 型圆柱销: 销 GB/T 119.2 $d \times L$
圆锥销 GB/T 117—2000		A 型圆锥销: 销 GB/T 117 $d \times L$

圆柱销的国家标准

圆锥销的国家标准

任务实施

一、任务准备

1. 组织方式

(1)场地设施:汽车运用理实一体化教室(包含多媒体)。
(2)工具:锉刀(200mm)、刮刀、手锤、油石、铜棒、游标卡尺、千分尺、内径百分表。
(3)实施方式:将学生4~6人一组进行分组操作。

2. 操作要求

(1)分析和表述问题逻辑清晰。
(2)语言表达流畅。
(3)逐步熟悉使用拆卸工具。
(4)熟悉使用云平台。

二、操作步骤

(1)普通平键的装拆。
(2)分析所拆装的平键类型和用途。

任务小结

回顾本次任务所学知识,通过任务的实施,加深理解键用于轴和轴上的齿轮,使轴和齿轮一起转动,以传递转矩和旋转运动。

学习任务3 滚动轴承识读

任务引入

滚动轴承是机器上一种重要的通用部件。它依靠主要元件间的滚动接触来支撑转动零件,具有摩擦阻力小、容易起动、效率高、轴向尺寸小等优点,而且由于大量标准化生产,具有制造成本低的优点。因而在各种机械中得到了广泛的应用。

学习目标

(1)能描述滚动轴承的作用、结构、类型及特点;
(2)能说明滚动轴承的代号及选用原则;
(3)能对汽车滚动轴承进行装拆与调整。

建议学时:1学时。

知识准备

滚动轴承是用来支承旋转轴的部件,结构紧凑,摩擦阻力小,能在较大的载荷、较高的转速下工作,转动精度较高,在工业中应用十分广泛。滚动轴承的结构及尺寸已经标准化,由专业厂家生产,选用时可查阅有关标准。

1. 滚动轴承的结构和类型

滚动轴承的结构一般由四部分组成,如图 6-25 所示。

(1)外圈——装在机体或轴承座内,一般固定不动。

(2)内圈——装在轴上,与轴紧密配合且随轴转动。

(3)滚动体——装在内外圈之间的滚道中,有滚珠、滚柱、滚锥等类型。

(4)保持架——用来均匀分隔滚动体,防止滚动体之间相互摩擦与碰撞。

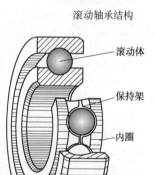

滚动轴承结构

滚动轴承按承受载荷的方向可分为以下三种类型:

(1)向心轴承——主要承受径向载荷,常用的向心轴承如深沟球轴承。

(2)推力轴承——只承受轴向载荷,常用的推力轴承如推力球轴承。

(3)向心推力轴承——同时承受轴向和径向载荷,常用的向心推力轴承如圆锥滚子轴承。

图 6-25 滚动轴承的结构

2. 滚动轴承的代号

滚动轴承的代号一般打印在轴承的端面上,由基本代号、前置代号和后置代号三部分组成,排列顺序如下:

| 前置代号 | 基本代号 | 后置代号 |

1)基本代号

基本代号表示滚动轴承的基本类型、结构及尺寸,是滚动轴承代号的基础。基本代号由轴承类型代号、尺寸系列代号和内径代号构成(滚针轴承除外),其排列顺序如下:

| 类型代号 | 尺寸系列代号 | 内径代号 |

(1)类型代号。

轴承类型代号用阿拉伯数字或大写拉丁字母表示,其含义见表 6-4。

轴 承 类 型 代 号 表 6-4

代　号	轴 承 类 型	代　号	轴 承 类 型
0	双列角接触球轴承	4	双列深沟球轴承
1	调心球轴承	5	推力球轴承
2	调心滚子轴承	6	深沟球轴承
3	圆锥滚子轴承	7	角接触球轴承

续上表

代 号	轴承类型	代 号	轴承类型
8	推力圆锥滚子轴承	U	外球面球轴承
N	圆柱滚子轴承	QJ	四点球接触球轴承

(2)尺寸系列代号。

尺寸系列代号由滚动轴承的宽(高)度系列代号和直径系列代号组合而成,用两位数字表示。它主要用来区别内径相同而宽(高)度和外径不同的轴承。其含义见表6-5。

轴承尺寸系列代号　　　　　表6-5

直径系列代号	向心轴承							推力轴承			
	宽度系列代号							高度系列代号			
	8	0	1	2	3	4	5	6	7	9	1	2
	尺寸系列代号										
7			17		37							
8		08	18	28	38	48	58	68				
9		09	19	29	39	49	59	69				
0		00	10	20	30	40	50	60	70	90	10	

(3)内径代号。

内径代号表示轴承的公称内径,见表6-6。

轴承的公称内径　　　　　表6-6

轴承公称内径(mm)	内径代号	示　例
10~17	10　　　00	深沟球轴承　6200
	12　　　01	$d = 10mm$
	15　　　02	
	17　　　03	
代号数字为04~96	代号数字乘5即为轴承内径	调心滚子轴承　23208 $d = 40mm$

2)前置代号和后置代号

前置代号和后置代号是轴承在结构形状、尺寸、公差、技术要求等有改变时,在其基本代号左、右添加的补充代号。具体情况可查阅有关的国家标准。

轴承代号标记示例:

6208　第一位数6表示类型代号,为深沟球轴承。第二位数2表示尺寸系列代号,宽度系列代号0省略,直径系列代号为2。后两位数08表示内径代号,$d = 8 \times 5 = 40(mm)$。

N2110　第一个字母N表示类型代号,为圆柱滚子轴承。第二、三两位数21表示尺寸系列代号,宽度系列代号为2,直径系列代号为1。后两位数10表示内径代号,内径$d = 10 \times 5 = 50(mm)$。

3. 滚动轴承的画法

国家标准 GB/T 4459.7—1998 对滚动轴承的画法作了统一规定,有简化画法和规定画法,简化画法又分为通用画法和特征画法两种。

1) 简化画法

用简化画法绘制滚动轴承时,应采用通用画法和特征画法。但在同一图样中,一般只采用其中的一种画法。

(1) 通用画法。在剖视图中,当不需要确切地表示滚动轴承的外形轮廓、载荷特性、结构特征时,可用矩形线框以及位于线框中央正立的十字形符号来表示。矩形线框和十字形符号均用粗实线绘制,十字形符号不应与矩形线框接触,通用画法的尺寸比例见表 6-7。

向心球轴承的简化画法

(2) 特征画法。在剖视图中,如果需要比较形象地表示滚动轴承的结构特征时,可采用在矩形线框内画出其结构要素符号的方法表示。特征画法的矩形线框、结构要素符号均用粗实线绘制。常用滚动轴承的特征画法的尺寸比例示例见表 6-7。

2) 规定画法

必要时,滚动轴承可采用规定画法绘制。采用规定画法绘制滚动轴承的剖视图时,轴承的滚动体不画剖面线,其各套圈等可画成方向和间隔相同的剖面线,滚动轴承的保持架及倒角等可省略不画。规定画法一般绘制在轴的一侧,另一侧按特征画法绘制。规定画法中各种符号、矩形线框和轮廓线均用粗实线绘制。其尺寸比例见表 6-7。

常用滚动轴承　　　　　　　　表 6-7

种类	深沟球轴承	圆锥滚子轴承	推力球轴承
已知条件	D、d、B	D、d、B、T、C	D、d、T
特征画法	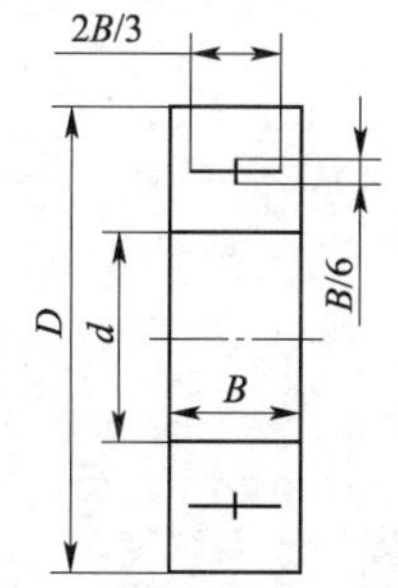	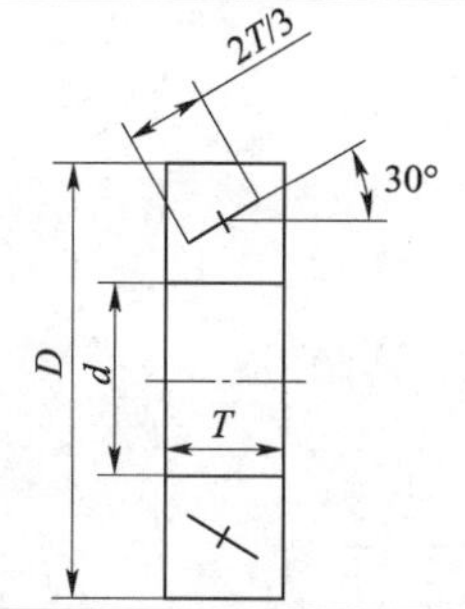	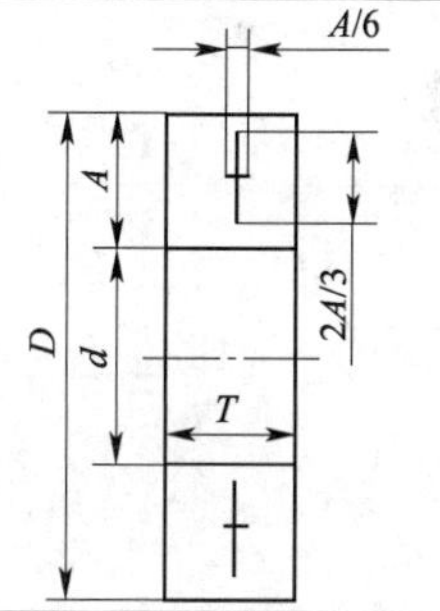
规定画法	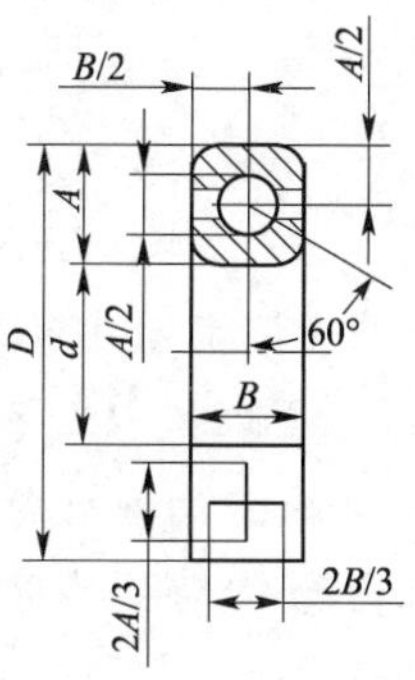	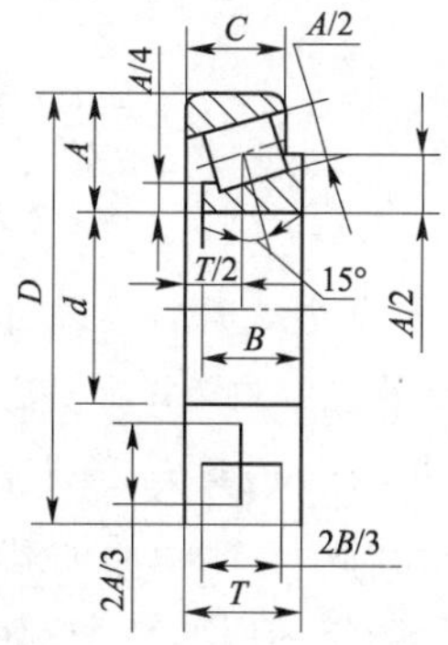	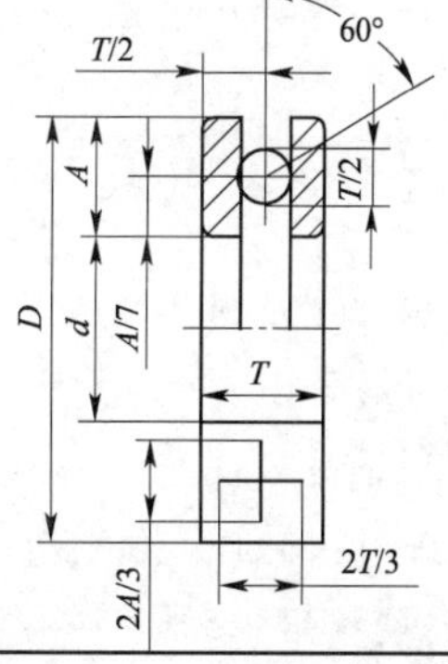

任务实施

一、任务准备

1. 组织方式

(1) 场地设施:机械制图理实一体化教室(包含多媒体)。
(2) 工具:绘图仪器、三角板、图板、图纸、机械制图习题集和智能手机。
(3) 实施方式:将学生4~6人一组进行分组讨论。

2. 操作要求

(1) 分析和表述问题逻辑清晰。
(2) 语言表达流畅。
(3) 熟悉使用云平台。

二、操作步骤

(1) 解释滚动轴承代号6214中各数字表示的意义。
(2) 滚动轴承代号6214查表知:
6 为类型代号,表示深沟球轴承。
2 为尺寸系列代号"02","0"为宽度系列代号,按规定省略未写,"2"为直径系列代号,故两者组合时注写成"2"。
14 为内径代号,表示该轴承内径为 $14 \times 5 = 70(mm)$,即注出的内径代号是公称内径70mm。

 任务小结

通过任务实施能掌握滚动轴承由名称、代号、标准编号三部分组成,并能解释轴承代号的意义。为以后的工作打下坚实基础。

学习任务4 齿轮绘制与识读

任务引入

齿轮是机器设备中应用十分广泛的传动零件,随着工业技术水平的不断提高,齿轮传动形式有了多样性,多领域的发展,在汽车工业、家用电器、办公机械以及各种新型机械装备中得到了越来越广泛的应用。用来传递运动和动力,改变轴的旋向和转速。常见的传动齿轮有三种:圆柱齿轮传动——用于两平行轴间的传动;锥齿轮传动——用于两相交轴间的传动;蜗杆蜗轮传动——用于两交错轴间的传动,如图6-26所示。

a) 圆柱齿轮　　　　b) 锥齿轮　　　　c) 蜗杆蜗轮

图 6-26　齿轮传动形式

(1) 能描述齿轮传动的分类及作用；
(2) 能完成直齿圆柱齿轮各部分名称的标注；
(3) 能按照规定画法画出单个直齿圆柱齿轮和两个啮合的直齿圆柱齿轮的示意图。
建议学时：1 学时。

一、直齿圆柱齿轮各部分的名称及参数（图6-27）

直齿圆柱齿轮各部分的名称及参数

(1) 齿数 z——齿轮上轮齿的个数。
(2) 齿顶圆直径 d_a——通过齿顶的圆柱面直径。
(3) 齿根圆直径 d_f——通过齿根的圆柱面直径。
(4) 分度圆直径 d——分度圆直径是齿轮设计和加工时的重要参数。分度圆是一个假想的圆，在该圆上齿厚 s 与槽宽 e 相等，它的直径称为分度圆直径。
(5) 齿高 h——齿顶圆和齿根圆之间的径向距离。
(6) 齿顶高 h_a——齿顶圆和分度圆之间的径向距离。
(7) 齿根高 h_f——分度圆与齿根圆之间的径向距离。
(8) 齿距 p——在分度圆上，相邻两齿对应齿廓之间的弧长。
(9) 齿厚 s——在分度圆上，一个齿的两侧对应齿廓之间的弧长。
(10) 槽宽 e——在分度圆上，一个齿槽的两侧相应齿廓之间的弧长。
(11) 模数 m——由于分度圆的周长 $\pi d = p \cdot z$，所以 $d = \dfrac{p}{\pi} \cdot z$，$\dfrac{p}{\pi}$ 就称为齿轮的模数。模数以 mm 为单位，它是齿轮设计和制造的重要参数。为便于齿轮的设计和制造，减少齿轮成形刀具的规格及数量，国家标准对模数规定了标准值。
(12) 压力角 α——相互啮合的一对齿轮，其受力

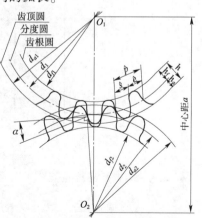

图 6-27　直齿圆柱齿轮各部分名称和代号

方向(齿廓曲线的公法线方向)与运动方向之间所夹的锐角,称为压力角。同一齿廓的不同点上的压力角是不同的,在分度圆上的压力角,称为标准压力角。国家标准规定,标准压力角为20°。

(13)中心距 a——两啮合齿轮轴线之间的距离。

二、直齿圆柱齿轮的尺寸计算

在已知模数 m 和齿数 z 时,齿轮轮齿的其他参数均可按表6-8的公式计算出来。

标准直齿圆柱齿轮各公称尺寸计算公式　　　　表6-8

基本参数:模数 m 和齿数 z			
序号	名称	代号	计算公式
1	齿距	p	$p = \pi m$
2	齿顶高	h_a	$h_a = m$
3	齿根高	h_f	$h_f = 1.25m$
4	齿高	h	$h = 2.25m$
5	分度圆直径	d	$d = mz$
6	齿顶圆直径	d_a	$d_a = m(z+2)$
7	齿根圆直径	d_f	$d_f = m(z-2.5)$
8	中心距	a	$a = m(z_1 + z_2)/2$

三、直齿圆柱齿轮的规定画法

1. 单个齿轮的画法

单个齿轮一般用两个视图表示。国家标准规定齿顶圆和齿顶线用粗实线绘制,分度圆和分度线用细点画线表示,齿根圆和齿根线用细实线绘制(也可以省略不画)。在剖视图中,齿根线用粗实线绘制,并不能省略。当剖切平面通过齿轮轴线时,轮齿一律按不剖绘制。单个齿轮的画法如图6-28所示。

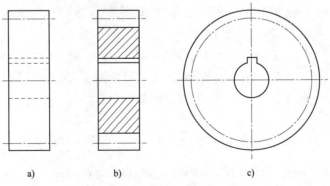

图6-28　单个直齿圆柱齿轮的画法

2. 一对齿轮啮合的画法

一对齿轮的啮合图,一般可以采用两个视图表达,在垂直于圆柱齿轮轴线的投影面的视图中(反映为圆的视图),啮合区内的齿顶圆均用粗实线绘制,分度圆相切,如图6-29b)所示。也可用省略画法如图 6-29d)所示。在不反映圆的视图上,啮合区的齿顶线不需画出,分度线用粗实线绘制,如图 6-29c)所示。采用剖视图表达时,在啮合区内将一个齿轮的齿顶线用粗实线绘制,另一个齿轮的轮齿被遮挡,其齿顶线用虚线绘制,如图 6-29a)、图 6-30 所示。

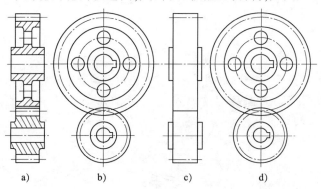

图 6-29　直齿圆柱齿轮的啮合画法

 任务实施

一、任务准备

1. 组织方式

(1)场地设施:机械制图理实一体化教室(包含多媒体)。

(2)工具:绘图仪器、三角板、图板、图纸、机械制图习题集,智能手机。

(3)实施方式:将学生 4~6 人分成一组进行分组讨论。

2. 操作要求

(1)分析和表述问题逻辑清晰。

(2)语言表达流畅。

(3)能计算齿轮的几何尺寸和正确表达齿轮零件。

(4)熟悉使用云平台。

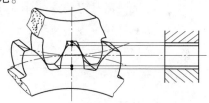

图 6-30　轮齿啮合区在剖视图中的画法

二、操作步骤

已知一直齿圆柱齿轮,齿数 $z=45$,模数 $m=2\text{mm}$,齿宽 $b=15\text{mm}$,轴孔直径为 $\phi 35\text{mm}$,试计算出齿轮的各部分尺寸,并画出其零件工作图。

解:(1) $d = mz = 2 \times 45 = 90(\text{mm})$

$d_a = d + 2h_a = m(z+2) = 2 \times (45+2) = 94(\text{mm})$

$d_f = d - 2h_f = m(z-2.5) = 2 \times (45-2.5) = 85(\text{mm})$

(2)画出其零件工作图,参考图 6-28 单个直齿圆柱齿轮的画法。

 任务小结

完成任务后学生熟悉直齿圆柱齿轮各部分的名称,会计算直齿圆柱齿轮的尺寸,并能画出直齿圆柱齿轮的工作图。

学习任务5 弹簧识读

任务引入

弹簧是机械、电气设备中一种常用的零件,主要用于减振、夹紧、储存能量和测力等。弹簧的种类很多,使用较多的是圆柱螺旋弹簧,如图6-31所示。本任务主要介绍圆柱螺旋压缩弹簧的尺寸计算和规定画法。

a)压缩弹簧

b)拉伸弹簧

c)扭力弹簧

图6-31 圆柱螺旋弹簧

学习目标

(1)能说明圆柱螺旋压缩弹簧各部分的名称;
(2)能完成弹簧各个尺寸的计算;
(3)能按照圆柱螺旋压缩弹簧的规定画法画出弹簧。

建议学时:1学时。

知识准备

圆柱螺旋压缩弹簧各部分的名称

一、圆柱螺旋压缩弹簧各部分的名称及尺寸计算

(1)簧丝直径 d ——制造弹簧所用金属丝的直径。

(2)弹簧外径 D ——弹簧的最大直径。

(3)弹簧内径 D_1 ——弹簧的内孔直径,即弹簧的最小直径。$D_1 = D - 2d$。

(4)弹簧中径 D_2 ——弹簧轴剖面内簧丝中心所在柱面的直径,既弹簧的平均直径,$D_2 = (D + D_1)/2 = D_1 + d = D - d$。

(5)有效圈数 n ——保持相等节距且参与工作的圈数。

(6)支承圈数 n_2 ——为了使弹簧工作平衡,端面受力均匀,制造时将弹簧两端的 $\frac{3}{4} \sim 1\frac{1}{4}$ 圈压紧靠实,并磨出支承平面。这些圈主要起支承作用,所以称为支承圈。支承圈数 n_2 表示两端支承圈数的总和。一般有1.5、2、2.5圈三种。

(7) 总圈数 n_1 ——有效圈数和支承圈数的总和，即 $n_1 = n + n_2$。

(8) 节距 t ——相邻两有效圈上对应点间的轴向距离。

(9) 自由高度 H_0 ——未受载荷作用时的弹簧高度（或长度），$H_0 = nt + (n_2 - 0.5)d$。

(10) 弹簧的展开长度 L ——制造弹簧时所需的金属丝长度，$L \approx n_1 \sqrt{(\pi D_2)^2 + t^2}$。

(11) 旋向——与螺旋线的旋向意义相同，分为左旋和右旋两种。

二、圆柱螺旋压缩弹簧的规定画法

GB/T 4459.4—2003 对弹簧的画法作了如下规定：

(1) 在平行于螺旋弹簧轴线的投影面的视图中，其各圈的轮廓应画成直线。

(2) 有效圈数在 4 圈以上时，可以每端只画出 1～2 圈（支承圈除外），其余省略不画。

(3) 螺旋弹簧均可画成右旋，但左旋弹簧不论画成左旋或右旋，均需注写旋向"左"字。

(4) 螺旋压缩弹簧如要求两端并紧且磨平时，不论支承圈多少均按支承圈 2.5 圈绘制，必要时也可按支承圈的实际结构绘制。

弹簧的表示方法有剖视、视图和示意画法，如图 6-32 所示。

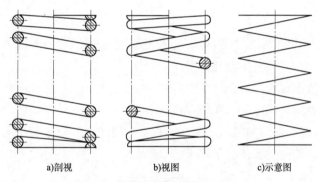

图 6-32 圆柱螺旋压缩弹簧的表示法

圆柱螺旋压缩弹簧的画图步骤如图 6-33 所示。

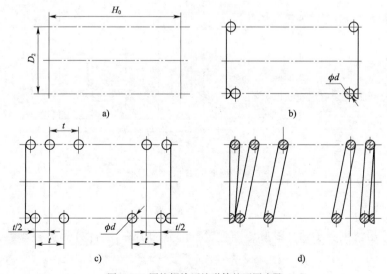

图 6-33 圆柱螺旋压缩弹簧的画图步骤

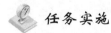

任务实施

一、任务准备

1. 组织方式

(1) 场地设施:机械制图理实一体化教室(包含多媒体)。

(2) 工具:绘图仪器、三角板、图板、图纸、机械制图习题集和智能手机。

(3) 实施方式:将学生 4~6 人一组进行分组讨论。

2. 操作要求

(1) 分析和表述问题逻辑清晰。

(2) 语言表达流畅。

(3) 能读懂装配图中的弹簧标准件。

(4) 熟悉使用云平台。

二、操作步骤

已知圆柱螺旋压缩弹簧的中径 $D_2=38$,簧丝直径 $d=6$,节距 $t=11.8$,有效圈数 $n=7.5$,支承圈数 $n_0=2.5$,右旋,试画出弹簧的轴向剖视图。

(1) 计算弹簧各参数。

弹簧外径 $D=D_2+d=38+6=44(\text{mm})$。

自由高度 $H_0=nt+(n_0-0.5)d=7.5\times11.8+(2.5-0.5)\times6=100.5(\text{mm})$。

(2) 画出弹簧的轴向剖视图(图 6-34)。

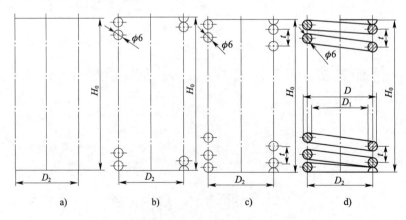

图 6-34 画弹簧的轴向剖视图步骤

完成任务后学生熟悉圆柱螺旋压缩弹簧各部分的名称,会计算弹簧各参数,并能画出弹簧的轴向剖视图。

项目七　零件图绘制与识读

 项目概述

机械产品中零件是不可或缺的,机械制造的单元称为零件,表达零件内外结构形状、尺寸要求、技术要求的图样称为零件图。零件图是工程技术人员表达设计思想的工具,是工厂的工人制造零件和检验零件是否合格的重要依据。

本项目将介绍表达与识读零件图的基本方法,并简要介绍零件图的作用、识读典型零件图、绘制简单零件图的方法与步骤、尺寸标注的要求、零件加工工艺结构以及极限与配合、形位公差的识读、表面粗糙度识读等内容。

 主要学习目标

1. 知识目标

(1)能描述零件图的作用、零件图所包含的内容;

(2)能正确选择零件图的主视图、零件图的表达方式;

(3)能够识读零件图中必要的信息。

2. 能力目标

(1)能描述零件图的内容与表示方法;

(2)能描述零件图的尺寸标注方法;

(3)能描述极限与配合、形位公差与表面粗糙度的含义;

(4)能描述识读与绘制零件图的方法与步骤。

3. 职业素养目标

培养认真细致、一丝不苟、严谨的工作作风。遵守制图国家标准,严格按标准执行。

学习任务1　零件图内容及作用认知

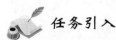 **任务引入**

某4S店实习员工小张在备件部实习,当日收到某总装厂销售部门发来的配件,经理吩咐小张验收该零件,请问小张要准备什么去收货并判断其配件是否合格?

学习目标

能描述零件图的内容与作用。

建议学时:1学时。

 知识准备

零件图的内容

机器或部件是由若干零件按一定的关系和技术要求组装而成的。

一、零件图的作用

零件图是表示零件内、外结构形状,大小,尺寸公差,形位公差,表面粗糙度以及其他技术要求的图样,标题栏中还包括整台机器所需要该零件的件数及所用材料。它是工程技术人员设计思想的全部体现,是工人加工制造零件的依据,还是检验零件是否合格的依据。

二、零件图的内容

零件图包含制造和检验零件的全部技术信息。因此,一张完整的零件图一般应包括以下几项内容(图7-1)。

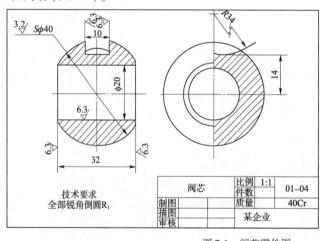

图7-1 阀芯零件图

1. 一组图形

用于正确、完整、清晰和简便地表达出零件内、外形状的图形。其中包括机件的各种表示方法,如基本视图、向视图、斜视图、局部视图;剖视图(全剖、半剖、局部剖视、阶梯剖等);断面图;局部放大图;规定画法和简化画法等。如图7-1阀芯零件图采用了主视图(全剖)和左视图(半剖)两个视图的表达方式。

2. 完整的尺寸

零件图中应标注尺寸。要求:正确、完整、清晰、统一、合理地标注出制造零件所需的全部尺寸,标注的尺寸不能多(多了重复会造成麻烦)也不能少(少了无法制造出来)。

3. 技术要求

零件图是必须用规定的代号、数字、字母和文字注解说明制造和检验零件时在技术指标上就达到的要求。如表面粗糙度、尺寸公差、形位公差、材料和热处理、检验方法以及其他特殊要求等。技术要求的文字一般注写在标题栏上方图纸空白处。如图7-1阀芯零件图技术要求的文字是：全部锐角倒圆 R_1。

4. 标题栏

标题栏应配置在零件图的右下角。它一般由更改区、签字区、其他区、名称以及代号区组成。填写的内容主要有零件的名称、材料、数量、比例、图样代号以及设计、工艺、审核、标准化、批准者的姓名、日期等。谁负责谁签字,方便在生产及制造过程以及后续的售后服务中追溯。标题栏的尺寸和格式已经标准化,可参见有关标准。如图7-1阀芯零件图的标题栏是学生在校学习时所用到的简化标题栏。

 任务实施

一、任务准备

1. 组织方式

(1) 场地设施：机械制图理实一体化教室(包含多媒体)。
(2) 工具：绘图仪器、三角板、图板、图纸、机械制图习题集和智能手机。
(3) 实施方式：将学生 4~6 人分成一组进行分组讨论。

2. 操作要求

(1) 分析和表述问题逻辑清晰。
(2) 语言表达流畅。
(3) 能逐步看懂零件图。
(4) 熟悉使用云平台。

二、操作步骤

(1) 描述零件图的作用是什么？
(2) 描述零件图应包含哪些内容？

 任务小结

零件图的作用：是机械行业在设计、加工制造和检验时的依据。

零件图一般应包含4个方面的内容：一组图形、完整的尺寸、技术要求和标题栏。

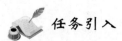 零件视图选择

 任务引入

某汽车制造厂有一个零件的立体图如下,经理布置新来的实习工程师画一个轴的零件

图,如图 7-2 所示。请问如果你是该实习工程师,选择哪个投影方向作为主视图的投影方向?

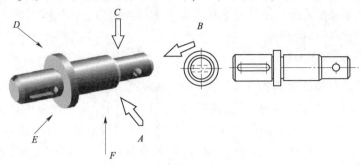

图 7-2 轴零件的视图选择

 学习目标

(1)能够根据不同复杂程度的零件,合理选择表达方法,正确选择零件摆放位置及确定主视图投影方向。

(2)能根据需要合理布置其他视图。

建议学时:1 学时。

 知识准备

零件图是设计工程师表达设计意图的图样,它也是工厂加工制造和验收产品的技术依据。所以零件图要求把零件的内、外结构形状正确、完整、合理地表达出来,还要包含所有该零件的技术信息。

画零件图时,在把零件结构特点表达清楚的前提下尽量考虑看图和画图方便,用最少的视图,最好的表达方式表达清楚。要满足这些要求,首先需分析该零件的结构特点,并尽可能了解零件在机器或部件中的位置与作用,以及加工零件所用到的工艺方法、工艺要求。灵活机动选择前面已经学过的基本视图、剖视图、断面图、规定画法、简化画法等制图方法与技巧。

要能够画出一张合理的零件图,关键是要恰当地选择零件的摆放位置,确定主视图的投影方向,以及其他视图的选择,确定一个合理的表达方案。下面从主视图选择和其他视图的选择来讨论零件较为合适的表达方案设计。

一、主视图的选择

在零件结构特点表达清楚的前提下,尽量考虑看图和画图方便。主视图是一组图形的核心,最能反映零件的结构形状以及各组合形体相互之间的位置关系。选择主视图时要考虑两个方面的问题:主视图的投影方向、零件的摆放位置。

1. 零件的摆放位置

零件摆放位置应符合零件的加工位置或工作位置原则。

1)零件的加工位置

零件的加工位置是指零件加工时在机床上的装夹位置。零件图样的主视图应尽可能与零件在机加工过程中所处的位置一致,方便操作工人看图、加工和测量。在机加工车间,轴、套、轮、圆盘等零件,大部分工序是在车床和磨床上进行加工,如图7-3所示。

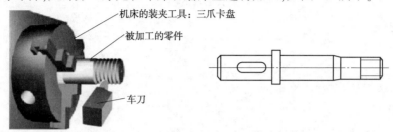

图7-3　轴套类零件加工位置示例

2)零件的工作位置

零件的工作位置是指零件在工作时所处的位置。如图7-4所示,阀芯此时为阀打通时液体能够流通的状态。阀芯零件主视图选择与零件的工作位置一致。

在机械加工过程中,有些零件比较复杂,如叉架类零件、箱体类零件,各加工工序加工状态不同,需要在不同的机床上加工,其主视图应尽量选择与零件在机器或部件中所处的工作位置相一致,便于将零件和部件和机器联系起来,便于看图和加工。

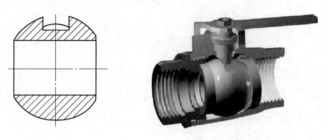

图7-4　阀芯工作时所处位置

2. 确定主视图的投射方向

选择主视图的投射方向的原则是:应选择最能反映结构特征的方向。

如图7-5所示,A向能够反映零件的主要结构形状,而B向的投影都为圆,不能很好地反映轴零件的主要结构形状,所以其主视图的投射方向以A向为宜。

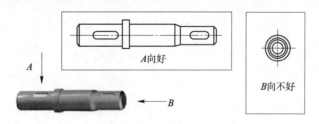

图7-5　轴零件主视图投射方向的比较

二、其他视图的选择

主视图确定以后,还要分析该零件还有哪些结构形状未表达清楚或尺寸未能够标出来。可以根据零件的复杂程度,再决定用几个视图,什么表达方式将零件正确、完整、清晰地表达出来,原则是尽可能用最少的图和最少的线条表达清楚零件的结构和形状。经验是:优先选用基本视图以及在基本视图上做剖视。

任务实施

一、任务准备

1. 组织方式

(1) 场地设施:机械制图理实一体化教室(包含多媒体)。
(2) 工具:绘图仪器、三角板、图板、图纸、机械制图习题集,智能手机。
(3) 实施方式:将学生4~6人分成一组进行分组讨论。

2. 操作要求

(1) 分析和表述问题逻辑清晰。
(2) 语言表达流畅。
(3) 能根据零件的不同类别,熟练选择确定主视图和其他视图表达方式。
(4) 熟悉使用云平台。

二、操作步骤

(1) 某汽车制造厂有一个零件立体图如图7-2所示(此图在前面有描述),经理布置新来的实习工程师画轴的零件图,请问如果你是该实习工程师,选择哪个投影方向作为主视图的投影方向?
(2) 比较零件摇臂座的两种表达方案。

视图选择举例:
轴套类、盘盖类、叉架类、箱体类

任务小结

画零件图时,在把零件结构特点表达清楚的前提下尽量考虑看图和画图方便。能够根据零件的复杂程度,合理选择表达方法,先选择零件摆放位置和主视图的投影方向,然后再做其他视图的选择。

(1) 零件摆放位置有两种选择原则:加工位置原则和工作位置原则。
主视图投影方向以形状特征明显和各形状间相互位置表达最多为考虑。
(2) 其他视图选择。
①简单零件:根据零件的形状特点选用。
②复杂零件:分析在同一投影方向上所得视图中,形状结构是否遮挡:无遮挡一个视图即可;有遮挡,视层次多少确定几个视图。
(3) 表达方法。
根据零件的形状结构特点,适当、灵活地选用相应的表达法:外部形状——视图表达,内部结构——剖视、断面图,特殊部位——其他表达法和简化画法。
要处理好零件的内、外结构形状的表达,集中与分散的表达,实线与虚线的表达等问题。

学习任务3 零件图尺寸标注

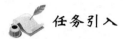

任务引入

在零件图7-6上标注尺寸:用符号△指出轴的长度方向的主要尺寸基准,并标注尺寸,数值从图中量取(取整数),比例1:2,右端的螺纹标记为M20-5g6g。

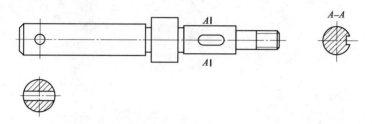

图7-6 轴

学习目标

(1)能正确分析零件图长度、高度、宽度方向的尺寸基准;
(2)能正确标注零件的尺寸。
建议学时:2学时。

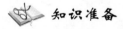

知识准备

零件图中的尺寸是加工和检验零件的重要依据。尺寸标注必须符合国家标准的规定,要求正确、完整、清晰、合理。

标注尺寸合理是指所注尺寸既要满足设计使用要求,又能符合工艺要求,便于零件的加工和检验。必须注意:要使尺寸标注合理,需要有一定的生产实践经验和专业知识,要经历识读一定量的零件图和实践工作经验的积累,才能做到相对合理。

一、合理选择尺寸基准

尺寸基准就是标注尺寸和测量尺寸的起点。任何零件都有长、宽、高三个方向的尺寸,每个方向都要确定一个尺寸基准。一般基准常选择零件的对称面、回转面的轴线、主要加工面、重要支承面和结合面作为尺寸基准,如图7-7所示。

在生产中尺寸基准分为两种:设计基准和工艺基准。设计基准:按照机器的结构和设计要求,确定零件在机器中位置的基准,或根据设计要求用以确定零件结构的位置所选定的基准。主动齿轮轴的轴向设计基准如图7-8所示。

工艺基准:按照零件在加工和测量时确定其位置的基准。

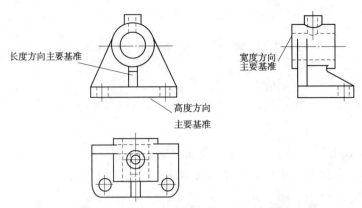

图 7-7 零件的长、宽、高度三个方向的尺寸基准

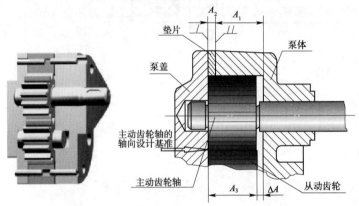

图 7-8 齿轮泵中主动齿轮轴的轴向设计基准

二、尺寸标注

在对零件图进行尺寸标注时应注意以下几个问题。

1. 零件上的重要尺寸必须直接标出

重要尺寸指零件上与机器的使用性能和装配质量有关的尺寸。如零件的配合尺寸、安装尺寸、特性尺寸必须直接标出,以保证所加工的零件能够满足设计要求。

如图 7-9a)所示,安装尺寸 e 必须直接标出,如果如图 7-9b)标注,显然不符合要求,不合理。

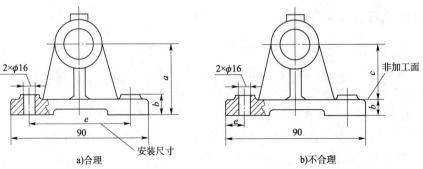

图 7-9 零件图上重要尺寸必须直接标出

2. 标注尺寸要符合加工顺序和便于测量

如图7-10a)所示,加工轴类零件时先车削右端轴的外圆,长度尺寸一次标注好,退刀槽的宽度由刚加工好轴的外圆靠近左端处,用切槽车刀进行切削加工,如图7-10b)所示。这种标注方法符合加工顺序。如果标注为相加的尺寸不便于加工。

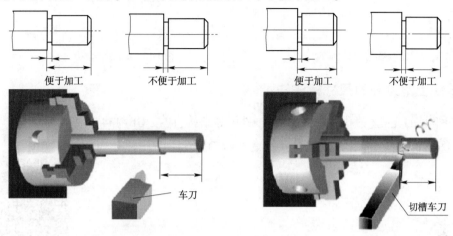

a)先车削右端外圆（长的尺寸）　　b)切槽车刀车削退刀槽（靠近左端切削）

图7-10　轴退刀槽的标注要符合加工顺序要求

如图7-11a)所示,尺子读数在外面能看到刻度,能读数,便于测量;如图7-11b)所示,尺子在里面看不到刻度,无法读数,不便于测量。

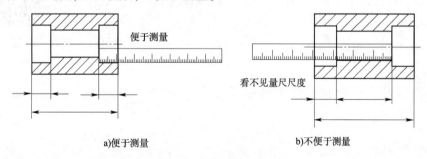

a)便于测量　　b)不便于测量

图7-11　零件标注尺寸要便于测量

3. 尺寸不能注成封闭的形式

封闭的尺寸链是指一个零件在同一方向上的尺寸注成一个封闭的链条一样,一环套一环,首尾相接,如图7-12a)所示。在实际加工中因为存在着制造误差,每个尺寸都必须保证,封闭的尺寸链条要满足这是不可能的。如图7-12b)所示,至少有一个尺寸是要经过计算得出的,其他各段的加工误差可以累积在这一个未标注的尺寸内。这样的标注才使制造合格零件成为可能。

4. 毛坯面间的尺寸标注

毛坯面之间的尺寸一般应单独标注,如图7-13所示。这类尺寸是靠制造毛坯时保证的。

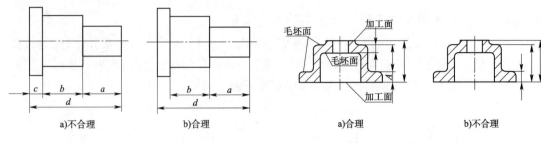

图7-12 尺寸不要注成封闭形式　　　　图7-13 毛坯面间的尺寸标注

三、零件上常见孔的尺寸标注法

零件图常见的光孔(销孔、沉孔、锥孔)、螺孔等结构,应按 GB/T4458.4 规定标注,常用的符号有:深度: ;沉孔或锪孔:⌴;锥形沉孔:∨;倒角:C。

任务实施

一、任务准备

1. 组织方式

(1)场地设施:机械制图理实一体化教室(包含多媒体)。
(2)工具:绘图仪器、三角板、图板、图纸、机械制图习题集,智能手机。
(3)实施方式:将学生4~6人一组进行分组讨论。

2. 操作要求

(1)分析和表述问题逻辑清晰。
(2)语言表达流畅。
(3)能逐步熟练对零件图进行尺寸标注。
(4)熟悉使用云平台。

常见孔的标记

典型零件尺寸标注
(轴套类、盘类、叉架类、箱体类零件尺寸标注举例)

二、操作步骤

在零件图上标注尺寸。

如图7-6所示,用符号△指出轴的长度方向的主要尺寸基准,并标注尺寸,数值从图中量取(取整数),比例1∶2,右端的螺纹标记为 M20-5g6g。

任务小结

对零件进行尺寸标注,首先要确定零件在长、宽、高三个方向上的尺寸基准,然后再对各形体进行尺寸标注。零件尺寸标注的一般步骤为:
(1)分析零件的结构形状,了解加工要求以及与之相配合零件之间的关系。
(2)选择长、宽、高方向的尺寸基准,标注联系与定位尺寸。
(3)标注零件的重要尺寸。

(4)标注零件的其他尺寸。

(5)检查、调整、多余重复尺寸删除,少了的尺寸补上。正式的尺寸标注完毕。

学习任务4 零件图技术要求识读

识读图7-14柱塞套零件图,图中尺寸公差、形位公差和表面粗糙度的要求是什么?

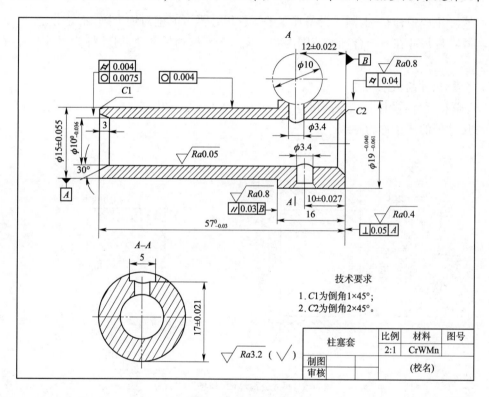

图7-14 柱塞套零件图

(1)能够正确识读零件图、装配图中的尺寸公差符号及数字的含义;
(2)能够正确识读零件图、装配图中的形位公差符号及数字的含义;
(3)能够正确识读零件图、装配图中的表面粗糙度符号及数字的含义。
建议学时:4学时。

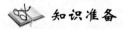

机械图样上的技术要求主要是指零件在几何精度方面的要求,如尺寸公差、形状与位置

公差、表面粗糙度等,除了这些还包括零件材料理化性能方面的要求,如对零件材料的热处理要求和表面处理要求等。这些要求一般以符号、代号标记在机械零件图、装配图上,或者用简明的文字注写在靠近标题栏的空白处。

一、尺寸公差与配合

现代化大规模生产要求零件具有互换性。互换性指企业在生产过程中,从同一型号同一规格的一批零件中,不经修配任选一个零件就能装配在机器或部件中,不影响机器的使用要求。下面简要介绍国家标准《极限与配合》的基本内容。

1. 尺寸公差

在实际生产中,同一人同一设备加工的零件尺寸不可能绝对地准确、不差分毫,所以,要允许实际零件尺寸在一个合理的范围内变动。这个允许的尺寸变动量,称为尺寸公差,简称"公差"。

1) 公称尺寸与极限尺寸

(1) 公称尺寸:设计时给定的尺寸,又称为基本尺寸。如图7-15a)中孔的直径 $\phi30$。代表公称尺寸处的线条称为零线。

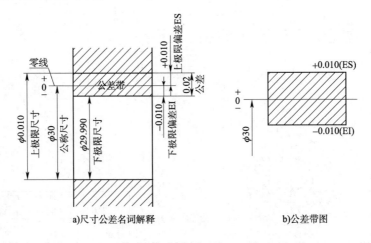

a) 尺寸公差名词解释   b) 公差带图

图7-15 尺寸公差名词解释与公差带图

(2) 极限尺寸:尺寸变动的两个界限值:上极限尺寸和下极限尺寸。

上极限尺寸(最大极限尺寸) = 公称尺寸 + 上极限偏差(带正负符号) = 30 + 0.010 = 30.010(mm)。

下极限尺寸(最小极限尺寸) = 公称尺寸 - 下极限偏差(带正负符号) = 30 - 0.010 = 29.990(mm)

(3) 实际尺寸:零件加工过程中或加工后测量的尺寸称为零件的实际尺寸。若零件实际测量尺寸在上极限尺寸和下极限尺寸之间,该零件判断为合格。

2) 极限偏差与尺寸公差

(1) 极限偏差:某一尺寸(实际尺寸或极限尺寸)减其公称尺寸所得的代数差,分为上极限偏差与下极限偏差。

上极限偏差 = 上极限尺寸 – 公称尺寸

下极限偏差 = 下极限尺寸 – 公称尺寸

上下极限偏差统称为极限偏差,上、下极限偏差可正、可负、可为零。孔的上、下极限偏差代号用大写的字母 ES、EI 来表示;轴的上、下极限偏差代号用小写的字母 es、ei 来表示。

如图 7-15 所示,孔:

上极限偏差(ES) = 上极限尺寸 – 公称尺寸 = 30.010 – 30 = 0.010(mm)。

下极限偏差(EI) = 下极限尺寸 – 公称尺寸 = 29.090 – 30 = – 0.010(mm)。

轴的上、下极限偏差值计算公式与孔同。从上面的公式可以分析得出:上(下)极限偏差可正、可负、可为零。

(2)尺寸公差——零件尺寸的允许变动量,简称公差。尺寸公差等于上极限尺寸减下极限尺寸 = 上极限偏差 – 下极限偏差。

如图 7-15 中有:

孔的公差 = 上极限尺寸 – 下极限尺寸 = 30.010 – 29.090 = 0.020(mm)。

或孔的公差 = 上极限偏差 – 下极限偏差 = +0.010 – (– 0.010) = 0.020(mm)。

轴的公差依上式也成立。公差值必定为正值,且不能为"0"或为负值。

2. 公差带、公差带图与零线

为形象、直观表达公差值的大小和位置,我们用公差带图表示:以公称尺寸(基本尺寸)为基准(零线),用夸大了间距的两条直线表示上、下极限偏差,这两条直线所限定的区域称为公差带。用这种方法画出的图称为公差带图。它表达了尺寸公差的大小和相对零线(公称尺寸线)的位置。如图 7-15b)所示,表达了孔直径尺寸的公差带图。

公差带图中,零线是确定正、负偏差的基准线,零线以上为正偏差,零线以下为负偏差。

在工厂零件图上标注尺寸公差时,常常发现其上、下极限偏差有时都是正值,有时都是负值,有时一正一负。上、下极限偏差值中可以有一个值是"0",但不得两个值都为"0"。

3. 标准公差(IT)与基本偏差

公差带的两个要素:公差带的大小和公差带的位置。理论上是可以任意确定,但为了生产和管理方便,规定了标准公差和基本偏差。

1)标准公差

标准公差的大小确定了公差带的大小,基本偏差确定了公差带的位置。

标准公差:分为 20 个等级,用 IT 表示,在生产中常使用的公差等级为 IT6 ~ IT9。标准公差等级从 IT01、IT0、IT1 ~ IT18。其中 IT01 公差值最小,精度最高;IT18 公差值最大,精度最低。

线性尺寸的极限偏差数值国家标准

2)基本偏差

国家标准规定,距离零线较近的那个偏差称为基本偏差,用以确定公差带相对零线的位置。基本偏差可以是上极限偏差,也可以是下极限偏差,如图 7-16 所示。

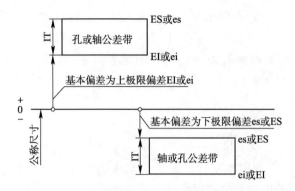

图 7-16 孔或轴公差带与基本偏差示意图

当孔与轴配合时,为使轴、孔之间具有不同的松紧程度,国家标准分别对孔与轴各规定了 28 个不同基本偏差,用 A～ZC(a～zc)表示。它们的代号,如图 7-17 所示。大写字母表示孔的基本偏差,小写字母代表轴的基本偏差。其中"H"基本偏差代号代表基准孔,即所有孔的下极限偏差为零;"h"基本偏差代号代表基准轴,即所有轴的上极限偏差为零。

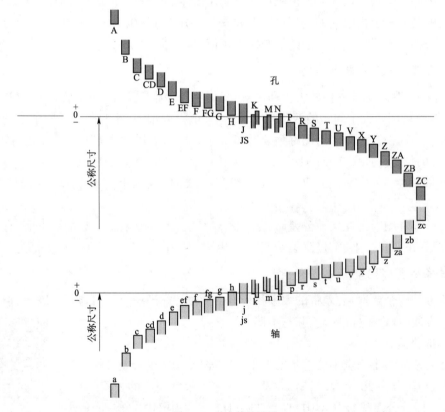

图 7-17 基本偏差系列

从图 7-17 中可以看出,当公差带位于零线上方时,基本偏差为下极限偏差;当公差带位于零线下方时,基本偏差为上极限偏差。基本偏差系列图只表达公差带的位置。

公差带代号识读:由基本偏差代号(字母)和标准公差等级代号(数字)组成。孔、轴的尺寸公差可用公差代号表示。例如:

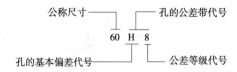

φ60H8 的含义:公称尺寸为 φ60,基本偏差为 H 的 8 级孔。

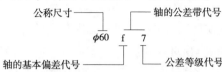

φ60f7 的含义:公称尺寸为 φ60,基本偏差为 f 的 7 级轴。

4. 配合与基准制

1) 配合

公称尺寸相同而相互结合的孔与轴公差带之间的关系称为配合。

设计师设计时会依据其使用要求不同,对孔与轴的配合要求也不同,有松有紧。如图 7-18 所示轴承座、轴套和轴三者之间的配合是不一样的,轴套与轴承座之间是不允许相对运动的,应选择紧的配合;轴与轴套之间要求能转动,应选择松动的配合。根据一批相配合的孔、轴配合后松紧程度的不同,国家标准规定了三种配合:间隙配合、过盈配合、过渡配合。间隙配合与过盈配合示意图如图 7-19 所示。

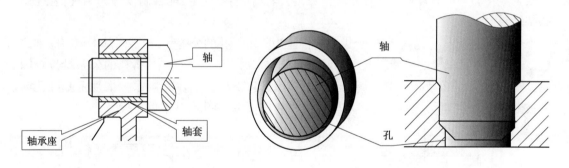

图 7-18 配合的概念　　　　　　图 7-19 间隙配合与过盈配合示意图

三种配合的公差带图如图 7-20 所示。

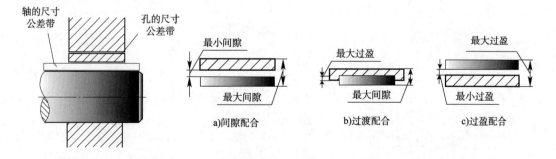

图 7-20 相配合的孔、轴不同配合种类的公差带图

(1) 间隙配合。

孔的实际尺寸总比轴的实际尺寸大，装配在一起后，轴与孔之间存在间隙（包含最小间隙为零的情况），轴在孔中能作相对运动。

这时，孔的公差带在轴的公差带之上，如图7-20a)所示。

(2) 过盈配合。

孔的实际尺寸总比轴的实际尺寸小，装配时需用一定的外力才能将轴压入孔中，轴与孔装配在一起后，轴在孔中不能作相对运动。

这时，轴的公差带在孔的公差带之上，如图7-20b)所示。

(3) 过渡配合。

轴的实际尺寸比孔的实际尺寸有时小，有时大。轴与孔装配在一起后，可能出现间隙，或出现过盈，但间隙或过盈都相对较小。这种介于间隙和过盈之间的配合，称为过渡配合。这时，孔的公差带与轴的公差带出现相互重叠部分，如图7-20c)所示。

注意：过渡配合中出现了间隙，或出现了过盈，不能称为间隙配合或过盈配合，只能称为过渡配合。为什么呢？因为只有确保轴与孔之间一定有间隙，才能称为间隙配合；一定有过盈，才能称为过盈配合；而过渡配合的间隙或过盈是随机的。

2) 配合制

孔和轴公差带形成配合的一种制度，称为配合制。为了统一基准件的极限偏差，从而达到减少零件加工定值刀具和量具的规格数量，国家标准中规定，配合制度分为两种：基孔制和基轴制。

(1) 基孔制配合。基孔制配合指基本偏差为一定的孔的公差带，与不同基本偏差的轴的公差带形成各种配合的一种制度。也就是在公称尺寸相同的配合中，将孔的公差带位置固定，通过变换轴的公差带位置来得到不同的配合，如图7-21所示。国家标准规定基准孔的下极限偏差为零，即下极限尺寸等于公称尺寸，"H"为基准孔的基本偏差代号。

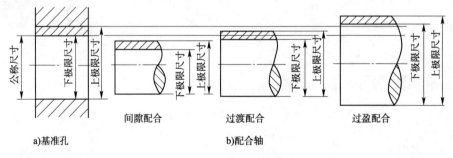

图7-21 基孔制配合

(2) 基轴制配合。基轴制配合指基本偏差为一定的轴的公差带，与不同基本偏差的孔的公差带形成各种配合的一种制度，如图7-22所示。国家标准规定基准轴的上极限偏差为零，即上极限尺寸等于公称尺寸，"h"为基准轴的基本偏差代号。

3) 极限与配合的标注与查表

(1) 在装配图上的标注方法。在装配图上标注配合代号时，采用组合式注法，如图7-23a)所示。在公称尺寸后面用分式表示，分子为孔的公差带代号，分母为轴的公差带代号。

(2)在零件图上的标注方法。在零件图上标注公差的形式有三种。

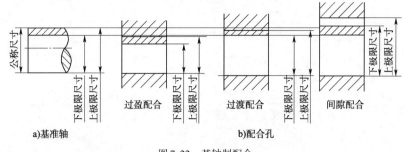

图 7-22　基轴制配合

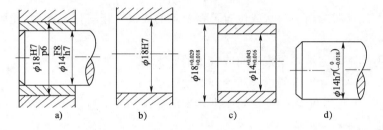

图 7-23　图样上的极限与配合标注方法

①公称尺寸后面只注公差代号,如图 7-23b)所示。
②只注极限偏差,如图 7-23c)所示。
③公差带代号和极限偏差都有标注,如图 7-23d)所示。

4)优先常用配合

在配合代号中,一般孔的基本偏差代号为 H 的,表示基孔制;轴的基本偏差为 h 的,表示基轴制。前面介绍的标准公差等级有 20 个,基本偏差有 28 种,可组成大量的配合。为了优化配合,国家标准规定了孔、轴公差带的配合标准。有优先、常用和一般用途的孔和轴公差配合形式,它们的选用顺序是:选用优先配合,其次是常用配合,在不能满足要求时才选用一般孔、轴公差配合。

极限偏差值查表法

标准公差数值基孔（轴）制优先常用配合国家标准

二、零件的形位公差

零件加工过程中,不仅会产生尺寸误差,也会出现形状和相对位置的误差。如加工轴时,可能出现轴线弯曲,这种现象属于零件的形状误差,如图 7-24a)所示。如加工有台阶的轴,两轴端的轴线相对中间部分的轴线也可能出现位置误差,如图 7-24b)所示。因此,设计机器时,须对零件形状、位置误差予以合理的限制,以达到零件的使用性能要求。国家标准规定了形状和位置公差(简称形位公差)。形位公差在图样上的表达应符合《形位公差》(GB/T 1182)的规定。

1. 基本概念

形状和位置误差允许的变动量称为形状和位置公差,简称形位公差。
要素:任何零件的几何形状都是由点、直线、平面组成的。这些要素可以是实际要素存在的,也可以是由实际要素取得的轴线或中心平面。

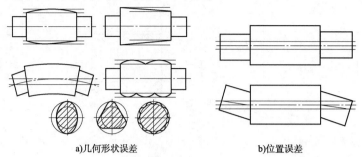

a)几何形状误差　　　　　b)位置误差

图 7-24　形位误差

被测要素:设计时给出了形状或位置公差要求的要素。指零件上的面、轮廓线、轴线、对称面和圆心的要素。

基准要素:用来确定被测要素方向或位置的要素。

形状公差:单一实际要素的形状所允许的变动量。

位置公差:关联实际要素的位置对基准要素所允许的变动量。

2. 形位公差代号及标注

1)形位公差代号

形位公差代号包括:形位公差特征项目符号、形位公差框格和指引线、基准代号、形位公差数值和其他有关符号等,如图 7-25 所示。

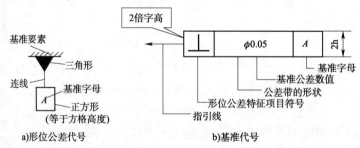

a)形位公差代号　　　　　b)基准代号

图 7-25　形位公差代号及基准代号

形位公差特征项目及符号,见表 7-1。

形位公差特征项目及符号　　　　表 7-1

分　类		特征项目	符　号	分　类		特征项目	符　号
形状		直线度	—	位置	定向	平行度	∥
		平面度	▱			垂直度	⊥
		圆度	○			倾斜度	∠
		圆柱度	⌭		定位	同轴度	◎
形状或位置	轮廓	线轮廓度	⌒			对称度	⌰
		面轮廓度	⌓			位置度	⊕
					跳动	圆跳动	↗
						全跳动	⌰⌰

2)形位公差的标注

(1)公差框格。形位公差要求在矩形方框中给出,方框由两格或多格组成,每格填写的内容,如图7-25a)所示。若公差带是圆形或圆柱形的,在公差值前加注"ϕ",若是球形的公差带,加注"$S\phi$"。第三格根据需要确定,形状公差无基准;位置公差则需要一个或多个字母表示基准要素或基准体系。公差框格可以是水平或垂直放置。

(2)被测要素的标注。用箭头的指引线将框格与被测要素相连,按以下方式标注:

当公差涉及轮廓线或表面时,指引箭头应垂直指向该要素的轮廓线或其延长线,并与相应的尺寸线明显错开,如图7-26所示。

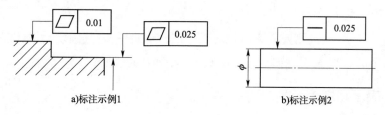

a)标注示例1　　　　　　　　　b)标注示例2

图7-26 被测要素标注方式(一)

当公差涉及轴线或中心平面时,指引箭头应与该要素尺寸线的延长线重合,如图7-27所示。

对于多个被测要素具有同一形位公差要求时,则注写一个公差框格,从指引线上画出多个指引箭头分别指向各被测要素,如图7-28所示。

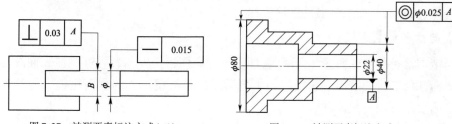

图7-27 被测要素标注方式(二)　　　图7-28 被测要素标注方式(三)

3. 形位公差的表达与识读

在图样中,形位公差是用框格的形式来表达的。

【例7-1】 识读如图7-29所示气门挺柱形位公差标注的含义。

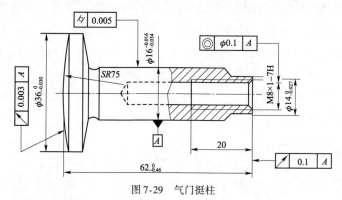

图7-29 气门挺柱

形位公差符号及代号标注示例与识读表

解：根据前面所学的来分析得到：气门挺柱的形位公差要求如下。

⌐⌙ 0.005 ┐——被测要素为φ16外圆柱的表面，形状公差项目符号是圆柱度，公差要求为0.005。表示φ16外圆柱的圆柱度公差为0.005mm。

⌐◎ φ0.1 A ┐——被测要素为M8的轴线，形位公差项目符号是同轴度，公差要求是φ0.1mm。表示M8×1的螺孔轴线对于φ16轴线的同轴度公差为φ0.1mm。

⌐↗ 0.003 A ┐——被测要素为球冠，SR75的球面，形位公差项目符号是圆跳动，基准为φ16轴线，公差要求为0.003mm。表示SR75的球面对于φ16轴线的圆跳动公差为0.003mm。

⌐↗ 0.1 A ┐——被测要素为右端面，形位公差项目符号是圆跳动，基准为φ16轴线，公差要求为0.1mm。表示右端面对于φ16轴线的端面圆跳动公差为0.1mm。

三、零件表面粗糙度

零件的技术要求包括表面粗糙度、尺寸公差、形位公差、材料、表面涂镀、热处理和表面处理等。技术要求在图样中的表示方法有两种，一种是用规定的符号、代号标注在视图中，一种是在"技术要求"的前提下，用简明的文字说明，并逐项书写在图样的适当位置（一般在标题栏附近空白处）。以下主要介绍《产品几何技术规范(GPS)技术产品文件中表面结构的表示法》(GB/T 131—2006)规定的表面粗糙度符号、代号及其在图样上的标注方法。

表面粗糙度的概念

1. 表面结构的基本概念

表面结构是指零件表面的几何形貌，即零件的表面粗糙度、表面波纹度、表面纹理、表面缺陷和表面几何形状的总称。这里我们主要学习的是应用广泛的表面粗糙度的符号、代号在图样上的表示方法与识读方法。

表面粗糙度是评定零件表面结构要求的一项重要参数。对于零件的配合、耐磨性、抗疲劳性、抗腐蚀性以及密封性等方面都有显著的影响。在满足零件表面功能的前提下，应合理选用表面粗糙度，标注在零件相应的加工表面上。评定零件表面结构时普遍采用的是轮廓参数。在这里我们重点学习粗糙度轮廓（R 轮廓）中高度方向上的参数 Ra 和 Rz。

零件经过机械加工后的表面看似光滑平整，可在显微镜下看到的是许多微小的峰顶和峰谷。零件加工表面具有较小间距的峰谷所组成的微观几何形状特征，称之为表面粗糙度。表面粗糙度的形成与零件材料、加工方法、刀具、设备、环境条件等因素均有密切的关系。表面粗糙度值越大，加工越容易达到要求，零件表面性能就越差；表面粗糙度值越小，则表面性能就越好，但加工成本也随之增加。因此，为了便于在保证使用性能的前提下，选用较为经济的评定参数值，国家标准规定了零件表面粗糙度的评定参数。

1) 轮廓算术平均偏差 Ra

轮廓算术平均偏差指在取样长度 L 内，沿测量方向（Z 方向）轮廓线上的点与基准线之间距离绝对值的算术平均值。用 Ra 表示，如图 7-30 所示。Ra 值越小，表面质量要求越高，但加工成本也越高;Ra 值越大,表面越粗糙。在满足使用要求的条件下,应尽可能选用较大的 Ra 值,以降低生产成本。

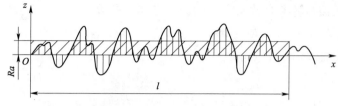

图 7-30 轮廓算术平均偏差 Ra

计算公式:

$$Ra = \frac{1}{l}\int_0^l |Z| \mathrm{d}x$$

或近似为:

$$Ra \approx \frac{1}{n}\sum_{i=1}^n |Z_i|$$

Ra 参数能充分反映表面微观几何形状高度方面的特性,并且所用仪器(电动轮廓仪)的测量比较简便,因此是国家标准推荐的首选评定参数。轮廓算术平均偏差 Ra 的数值见表 7-2。

轮廓算术平均偏差 Ra 的数值(单位:μm)　　　　表 7-2

0.012	0.20	3.2	50
0.025	0.40	6.3	100
0.050	0.80	12.5	
0.100	1.60	25	

2) 轮廓最大高度 Rz

Rz 是在取样长度内,轮廓峰顶线与谷底线之间的距离,如图 7-31 所示。

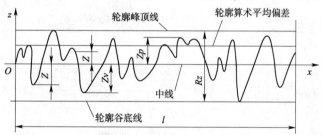

图 7-31 高度 Rz

在设计时,通常只采用轮廓算术平均偏差 Ra,只有在特定要求时才采用轮廓最大高度 Rz,Rz 的取值,见表 7-3。

轮廓最大 Rz 的数值(单位:μm)　　　　表 7-3

0.025	0.40	6.3	100	1600
0.050	0.80	12.5	200	
0.100	1.60	25	400	
0.20	3.2	50	800	

提示:《产品几何技术规范(GPS)技术产品文件中表面结构的表示法》(GB/T131—

2006),适用于所有产品对表面结构有要求的标注,与原《机械制图表面粗糙度符号、代号及其注法》(GB/T 131—1993)的旧标准相比,技术内容有了很大的变化,贯彻标准时,要加以注意。原标准的表面粗糙度参数 Rz(十点高度)已不再认可为标准代号,新的 Rz 为原 Ry(轮廓最大高度)的定义,原标准的 Ry 不再使用。

2. 表面粗糙度的符号、代号识读

1)表面结构图形的符号及其含义

《产品几何技术规范(GPS)技术产品文件中表面结构的表示法》(GB/T 131—2006)规定了表面结构的图形符号,分为基本图形符号、扩展图形符号、完整图形符号、工件轮廓表面图形符号。图样及文件上所标注的表面结构符号应是完整图形符号。各图形符号及其含义,见表7-4。

表面结构图形的符号及其含义　　　　　　表7-4

序号	分类	图形符号	含义说明
1	基本图形符号		表示表面未指定工艺方法。通过一个注释时可单独使用,没有补充说明时不能单独使用
2	扩展图形符号		表示表面是用不去除材料的方法获得。例如铸、锻、冲压、冷轧、热轧、粉末冶金等到工序形成的表面
			表示表面是用去除材料的方法获得。例如车、刨、磨、钻、剪切、抛光、腐蚀、电火花加工、气割等。当其含义是"被加工表面"时可单独使用
3	完整图形符号		在三个符号的长边上加一横线,用来标注有关参数和补充信息。左图的三个完整图形符号还可分别用文字表达为 APA、MRR 和 NMR,用于报告和合同的文本中
4	工件轮廓表面图形符号		视图上封闭轮廓的各表面有相同的表面结构要求时的符号。如果标注引起歧义时,各表面分别标注

2)表面结构图形的代号的组成

在表面结构的基本符号周围,注上表面粗糙度值、单一要求和补充要求,如图7-32所示。

位置 a——注写表面结构的单一要求;位置 b——注写第二个表面结构要求;位置 c——注写加工方法;位置 d——注写表面纹理和方向;位置 e——注写加工余量。

H_1 为字高,H_2 为高度最小值(取决于标注的内容);h 为数字与字母高度(见标准 GB/T 14690),如图7-33所示。

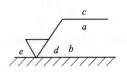

图7-32　表面结构的图形代号组成

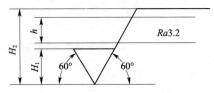

图7-33　表面粗糙度符号

3)常用表面粗糙度符号的标注及其含义

表面结构的图形上,注有表面粗糙度的参数和数值及有关规定,则称为表面粗糙度代号,如图 7-33 所示。常用表面粗糙度符号的标注及其含义,见表 7-5。

常用表面粗糙度符号的标注及其含义　　　　　　　　表 7-5

符　号	含　义	符　号	含　义
$Rz0.4$	不允许去除材料,R 轮廓粗糙度最大高度为 $0.4\mu m$	$Ra0.8$	R 轮廓算术平均偏差为 $0.8\mu m$
$Rz6.3$	R 轮廓粗糙度最大高度为 $6.3\mu m$	$Rzmax0.2$	R 轮廓最大高度的最大值为 $0.2\mu m$
$Ra0.8$	不允许去除材料,R 轮廓算术平均偏差为 $0.8\mu m$	$URz1.6$ $LRa0.8$	R 轮廓,上限最大高度的最大值为 $1.6\mu m$,下限算术平均偏差为 $0.8\mu m$

四、图样上表面结构要求的标注与识读

(1)同一图样中,零件的每一表面上,一般表面粗糙度只标注一次,并尽可能注在相应的尺寸及其公差的同一视图上。除非另有说明,所标注的表面结构要求是对完工零件表面的要求。

表面粗糙度标注示例

(2)表面结构符号、代号标注的位置示例。

表面结构代号应标注在零件可见轮廓线、尺寸线、尺寸界线或它们的延长线上,如图 7-34 所示。如图 7-34a)所示为表面结构代号要求标注在尺寸线上,如图 7-34b)所示为表面结构代号要求的注写方向,如图 7-34c)所示为表面结构代号要求标注在延长线上。

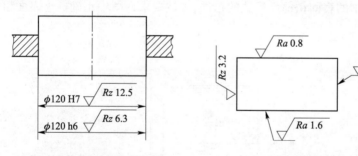

a)表面结构代号要求标注在尺寸线上　　　b)表面结构代号要求的注写方向

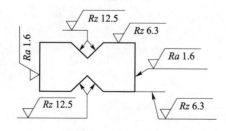

c)表面结构要求标注在延长线上

图 7-34　表面结构要求的注写方向和位置

任务实施

一、任务准备

1. 组织方式

(1) 场地设施:机械制图理实一体化教室(包含多媒体)。
(2) 工具:绘图仪器、三角板、图板、图纸、机械制图习题集和智能手机。
(3) 实施方式:将学生 4~6 人分成一组进行分组讨论。

2. 操作要求

(1) 分析和表述问题逻辑清晰。
(2) 语言表达流畅。
(3) 能读懂零件图中的尺寸公差、形位公差以及表面粗糙度要求。
(4) 熟悉使用云平台。

二、操作步骤

(1) 识读图 7-14 柱塞套零件图中尺寸公差、形位公差和表面粗糙度信息。
(2) 请判断对错:
① 在同一图样上,每一表面一般只标注一次表面粗糙度的代号(符号)。   (   )
② 表面粗糙度的代(符)号可标注在可见轮廓线、尺寸界线或它们的延长线上,以及几何公差框格上或其上方。   (   )
③ 分析图 7-35 中的表面粗糙度标注的错误,并按要求在图中正确标注表面粗糙度。

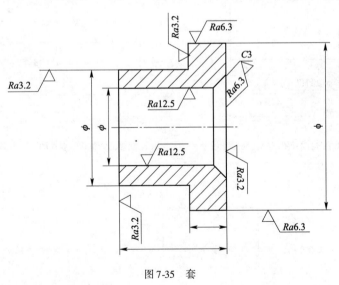

图 7-35 套

 任务小结

尺寸公差的基本概念有公称尺寸、上极限尺寸、下极限尺寸和上极限偏差、下极限偏差、公差等。标准公差有20个等级,基本偏差有28种。孔和轴的配合根据国家标准的规定选择优先级和常用配合种类,不能的情况才选用一般的孔和轴的配合种类。

读懂零件图中的形位公差项目符号、被测要素、基准要素以及公差要求。

能描述表面粗糙度的含义,国家标准中规定了零件表面粗糙度的评定参数,规范表面粗糙度的代号、表达方法以及在图上标注规定。

学习任务5　常见零件工艺结构识读

任务引入

请分组讨论:铸造零件和机械加工过程中对零件的结构有什么要求吗?

学习目标

(1)能描述铸造零件起模斜度和铸造圆角的定义和要求;
(2)能描述零件:倒角、倒圆、退刀槽、砂轮越程槽的定义、作用,以及在零件图上的标注方法。

建议学时:1学时。

知识准备

汽车零件在生产制造的过程中必须要满足生产工艺的要求,才能确保零件的制造质量达到零件所需要的技术要求,若不能满足,是难以保证该零件所应具备的质量要求的。所以,零件的结构形状,除了应满足使用上的要求外,还应满足生产制造工艺的要求,具有合理的工艺结构。

一、铸造工艺结构

1.起模斜度

如图7-36所示,在铸造零件毛坯时,为便于将木模从砂型中取出,零件的内外壁沿起模方向应有一定的斜度,一般为1:20～1:10。起模斜度在制作木模时应予考虑,在视图上可不注出来。

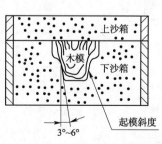

图7-36　起模斜度与铸造圆角

2. 铸造圆角

如图 7-36 所示，在铸造时为了防止砂型在尖角处脱落和避免铸件冷却收缩时，在尖角处产生裂缝，铸件各表面相交处应有过渡圆角。

由于铸造圆角的存在，零件各表面交线就显得不明显。为区分不同形体的表面，在零件图上仍画出表面的交线，称为过渡线，可见过渡线用细实线表达。过渡线的画法与相贯线的画法基本相同，只是在其端点处不与其他轮廓线相接触，如图 7-37 所示：图 7-37a) 所示为过渡圆角表达举例 1，图 7-37b) 所示为过渡圆角表达举例 2，图 7-37c) 所示为过渡圆角相切时的表达，图 7-37d) 所示为过渡圆角相交时的表达。

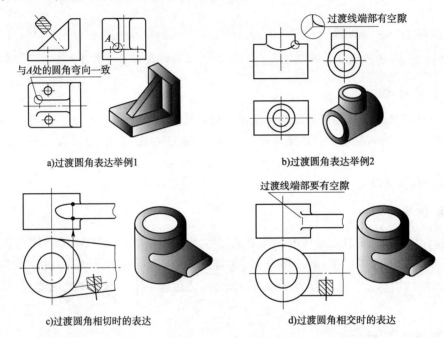

图 7-37　过渡线的表示方法

3. 铸件壁厚

铸件各自壁厚应尽量均匀，如图 7-38a) 所示，以避免各部分因冷却速度不同而产生缩孔、裂纹等缺陷，如图 7-38c) 所示，若因结构需要出现壁厚相差过大，则壁厚应由大到小逐渐变化，如图 7-38b) 所示。

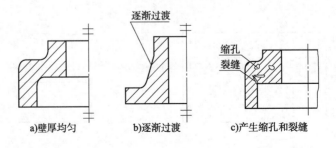

图 7-38　铸件壁厚

二、机械加工工艺结构

1. 倒角和倒圆

如图7-39a)所示,为便于装配和安全操作,要去除零件上的毛刺、锐边,通常将尖角加工成倒角,为避免应力集中而产生裂纹,轴肩处应有圆角过渡;当倒角为45°时,尺寸标注可简化,如图7-39c)所示;倒角不是45°时的标注和倒圆标注方法如图7-39d)所示。

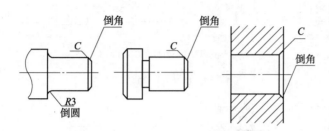

a)轴的外倒角和孔的内倒角、轴肩处倒圆示意图

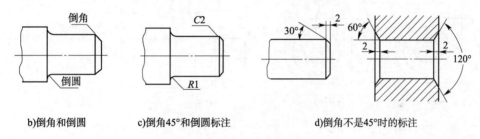

b)倒角和倒圆　　c)倒角45°和倒圆标注　　d)倒角不是45°时的标注

图7-39　倒角和倒圆及其标注

特别提醒:(1)"C"代表为45°倒角,"2"表示倒角轴向尺寸为2mm。
(2)倒角不是45°时,要分开标注,如图7-39c)所示。
(3)倒圆应标注圆角的半径用"R+数字"表达,如图7-39b)中"R1"。

2. 退刀槽和砂轮越程槽

在车削零件上的螺纹或磨削加工时,为了便于退出刀具或砂轮,在设计零件时必须设计螺纹退刀槽和砂轮越程槽。退刀槽的尺寸标注,一般按"槽宽×直径"的形式标注,如图7-40a)、c)所示。砂轮越程槽常见形式、砂轮退出方向如图7-40b)所示、砂轮越程槽按"槽宽×槽深"进行标记,图7-40c)所示。

提示:(1)对于倒角、倒圆尺寸太小时,在技术要求中加以说明,可不在图样上画出。
(2)退刀槽和越程槽具体尺寸可按"槽宽×槽径"或"槽宽×槽深"标注。

3. 减少加工面

两零件的接触表面都要求加工时,为保证两零件表面接触良好和减少加工面,常将两零件的接触表面做成凸台(图7-41a)或凹坑(图7-41b)、凹槽(图7-42a)凹腔(图7-42b)等结构形式。

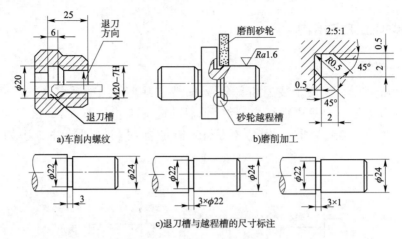

图 7-40 退刀槽和砂轮越程槽

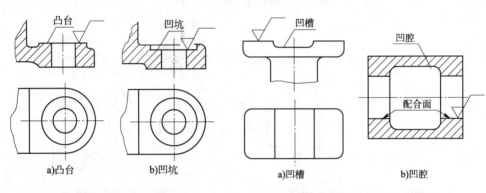

图 7-41 凸台和凹坑　　　　　图 7-42 凹坑和凹腔

4. 钻孔结构

为了防止出现单边切削和单边受力,工程师设计产品时要求孔的端面为平面,且与钻头垂直。因此,沿曲面或斜面钻孔,应增设凸台或凹坑,如图 7-43 所示。所以钻孔时应尽可能使钻头轴线与被钻孔零件上相应的表面垂直,以保证孔的精度和避免钻头折断,其工艺结构如图 7-44 所示。

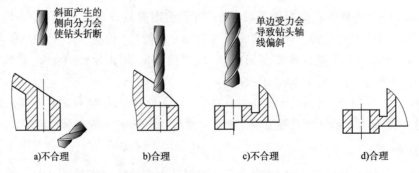

图 7-43 钻孔的合理结构分析

当用麻花钻头钻削加工盲孔或阶梯孔时,孔的底部应画成 120°,不注尺寸,如图 7-45 所示。

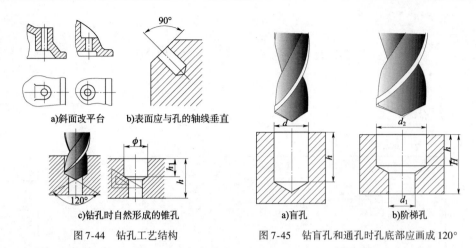

a)斜面改平台　　b)表面应与孔的轴线垂直

c)钻孔时自然形成的锥孔

图 7-44　钻孔工艺结构

a)盲孔　　b)阶梯孔

图 7-45　钻盲孔和通孔时孔底部应画成 120°

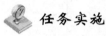任务实施

一、任务准备

1. 组织方式

(1)场地设施:机械制图理实一体化教室(包含多媒体)。

(2)工具:绘图仪器、三角板、图板、图纸、机械制图习题集,智能手机。

(3)实施方式:将学生 4~6 人分成一组进行分组讨论。

2. 操作要求

(1)分析和表述问题逻辑清晰。

(2)语言表达流畅。

(3)能读懂零件图中常见的工艺结构及要求。

(4)熟悉使用云平台。

二、操作步骤

(1)描述常见零件工艺结构倒角与倒圆、退刀槽与越程槽的作用是什么?

(2)想一想,请指出图 7-46 所示零件的结构形状哪些是正确的,哪些是错误的,为什么?

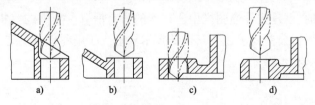

a)　　b)　　c)　　d)

图 7-46　各种要钻孔的零件结构

任务小结

机械零件在加工过程中,为了满足加工工艺要求,要设计螺纹退刀槽、砂轮越程槽,要设计起模斜度、铸造圆角、内或外倒角。沿曲面或斜面钻孔,应增设凸台或凹坑。

学习任务6 零件图识读

任务引入

识读图7-47所示轴的零件图。

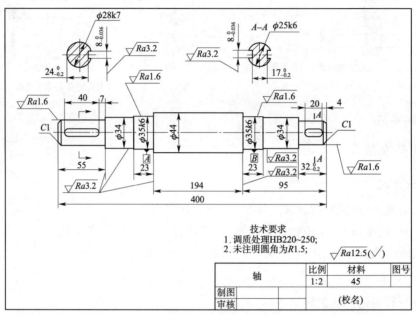

图7-47 轴零件图

学习目标

（1）能描述识读零件图的方法与步骤；
（2）能读懂轴零件图中的必要信息。
建议学时：2学时。

知识准备

读零件图的目的，就是要弄懂图样中所包含的所有信息。零件的实物结构形状、全部尺寸、尺寸公差要求、形位公差要求以及其他的技术要求。了解零件的制造方法，工艺要求。

读零件图的方法和步骤如下。

1. 读标题栏

通过读标题栏，可以了解该零件的名称、材料、绘图所用比例、整台设备或机器所需该零件数量。谁设计、谁做工艺、谁审核的，完成时间等信息，体现责任制。

2. 分析表示方法

从零件图的所有视图进行全面分析，找到主视图、俯视图和左视图等基本视图，向视图、局部视图、剖视图、放大图、断面图等。分析各视图所采用的表达方式。

3. 根据视图想象物体的空间形状

根据"长对正、高平齐、宽相等"的投影规律,运用形体分析法或线面分析法来识读零件各部分的形体,以及各形体之间的相互关系(平齐、相切、相交)。原则上先读主体、后读非主体;先读外形、再读内形;先易后难、先粗后细。在分部想象内、外形状的基础上再综合想象整个零件的整体结构。

4. 读零件图中的尺寸

想象零件的结构特点、读各视图的尺寸布局。先分析零件图中长、宽、高各方向的尺寸基准。还要了解同一方向上是否有主要基准和辅助基准之分。

应用形体分析法和结构分析法,从基准出发找出各部分的定形尺寸、定位尺寸、工艺结构尺寸;确定零件的总长、总宽、总高尺寸。

5. 读零件图中的技术要求

读零件图中所标注的尺寸公差、形位公差、表面粗糙度以及其他文字表述的技术要求。确定零件哪些部分的精度要求较高、较重要。以便在加工时要考虑运用什么样的工艺方法来保证其零件质量符合图样要求。

以上读图方法与步骤仅供参考,每个部分可以穿插进行。可以灵活运用,直到读懂零件图上所有信息为准。

任务实施

识读壳体零件图举例

一、任务准备

1. 组织方式

(1)场地设施:机械制图理实一体化教室(包含多媒体)。
(2)工具:绘图仪器、三角板、图板、图纸、机械制图习题集,智能手机。
(3)实施方式:将学生4~6人分成一组进行分组讨论。

2. 操作要求

(1)分析和表述问题逻辑清晰。
(2)语言表达流畅。
(3)能熟练、准确看懂零件图中的必要信息。
(4)熟悉使用云平台。

二、操作步骤

识读图7-47零件图,回答下列问题。
(1)零件名称是_____,采用的材料是_____,此图所采用的比例为_____。
(2)该零件采用了_____、_____、左端面移出断面图来表达零件的结构和技术要求。
(3)轴的总长为_____,总宽为_____,总高为_____。
(4)轴是阶梯轴,从左到右直径分别是_____,$\phi 34$、_____,$\phi 44$、_____,_____,$\phi 25$。

两个键槽宽都为_____,深都为_____,长分别为_____和_____。C1 中的"C"表示为_____倒角,1 表示倒角长为_____。

(5)键槽宽_____表示公称尺寸为_____,上极限偏差为_____,下极限偏差为_____,公差为_____。φ28 k7 表示直径的公称尺寸为_____,根据轴径查国家标准中 K7 中:上极限偏差为 +23 μm,下极限偏差为 +2 μm,则公差为_____,精度等级为_____。

(6)直径中所有尺寸公差要求的外圆柱表面,表面粗糙度要求为:_____,两个 φ34 的外圆柱表面,表面粗糙度要求为:_____。φ44 的左、右端面,表面粗糙度要求都为:_____,键槽的所有表面,表面粗糙度要求都为:_____,表示其余未注表面粗糙度的表面都为:_____。

任务小结

通过壳体零件图的识读,读零件图的方法和步骤为:先读标题栏,了解零件的基本情况,再分析视图及其表达方法,根据形体分析法或线面分析法想象各物体的形状以及各物体之间的相互位置关系;读零件各部分的尺寸,确定零件长、宽、高三个方向的尺寸基准,读出各部分的定型尺寸和定位尺寸、确定零件的总体尺寸;读零件图中的技术要求,了解该零件的尺寸公差、形位公差和其他的技术要求。分清哪些地方精度要求高,哪些是关键尺寸,为生产合格零件打下基础。

学习任务 7　零件图绘制

任务引入

某企业设计部门,项目负责人要求新进的实习生能测量各种类型的零件,并绘制正确的零件图。实习生该从哪里着手进行测量,他要准备哪些测量工具?测量的步骤是什么?绘图的步骤是什么?

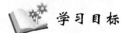

学习目标

(1)能运用测量工具对零件进行正确的测量;
(2)能根据零件实物绘制零件图。

建议学时:1 学时。

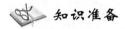

知识准备

在工厂经常遇到测绘零件图,即测量零件的内、外形尺寸并制订出技术要求。测绘零件时,首先要画出零件的草图,然后再根据草图画出零件工作图。

1. 零件尺寸的测量

测量尺寸是零件测绘过程中一个重要环节。常用的测量工具有:钢直尺,内、外卡钳;精密测量工具有:游标卡尺、千分尺等;有时还要用到专用量具,如螺纹规、圆角规等。

2. 测绘草图的步骤和注意事项

(1) 测绘草图的方法与步骤。

测绘草图方法与步骤见"测绘零件图的方法与步骤　二维码"。

(2) 测绘草图注意事项。

① 不要把零件的缺陷画在草图上,如铸件上的收缩部分、砂眼、毛刺等以及加工错误、碰伤或磨损的地方。

② 实测后有工艺要求的地方,应选用最接近的标准数值,如零、部件的直径、长度、锥度、倒角、圆角等。

③ 搞清楚零件之间的装配关系及名称、用途、构造等,拆卸时考虑好各个零件的拆卸顺序及所使用的工具,同时拍个拆卸过程视频以便于装配时回看。

3. 零件测绘的方法与步骤

测绘草图方法与步骤见"测绘零件图的方法与步骤　二维码"。

 任务实施

一、任务准备

1. 组织方式

(1) 场地设施:机械制图理实一体化教室(包含多媒体)。

(2) 工具:绘图仪器、三角板、图板、图纸、机械制图习题集,智能手机。

(3) 实施方式:将学生4~6人分成一组进行分组讨论。

2. 操作要求

(1) 分析和表述问题逻辑清晰。

(2) 语言表达流畅。

(3) 能运用检测工具检测零件尺寸、绘制零件图。

(4) 熟悉使用云平台。

二、操作步骤

(1) 分析零件图,弄清零件名称、用途、构造以及与其他零件的装配关系。考虑好零件的拆卸顺序及所用的工具。

测绘零件图的方法与步骤

(2) 根据分析,选用合适的测量工具,测量零件尺寸并记录在草图上。

(3) 绘制草图,完成尺寸标注,确定零件的技术要求。

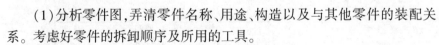 **任务小结**

能够描述测绘零件用到的工具与方法,明确了测绘零件图的方法与步骤。先分析零件结构、确定表达方案,画草图、标出尺寸界线、尺寸线以及箭头,实测零件尺寸,填写在草图相应地方。测绘草图的要求与正规图样无异。

项目八 装配图

项目概述

装配图是表达机器或部件中各组成零件之间的相互位置、连接关系、工作原理、配合性质和传动路线等的图样。如图 8-1 所示,球阀装配图是由 13 种零件按照一定的配合性质和相互位置与连接关系装配而成,反映了球阀的工作原理是:通过扳手转动带动阀杆传递扭矩带动阀芯转动来控制阀芯内孔与阀体管孔截面的大小,从而达到改变通过球阀的液体流量。

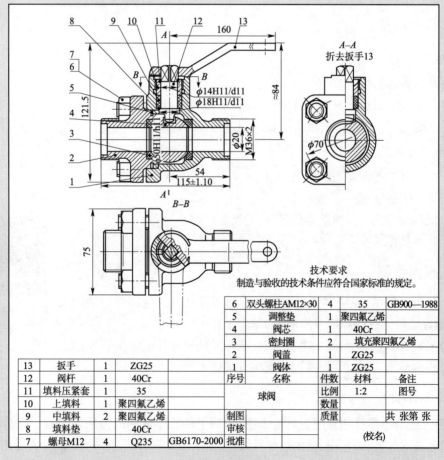

图 8-1 球阀装配图

主要学习目标

1. 知识目标
(1) 能说出装配图的概念、内容和作用;
(2) 能识读装配图的表达方式;
(3) 能看懂简单的装配图。

2. 能力目标
(1) 能描述装配图中的编号及明细表;
(2) 能说明装配图上尺寸和技术要求的注写;
(3) 能说明常用装配结构;
(4) 能描述读装配图的步骤和方法。

3. 职业素养目标
(1) 作图时能保持图面清晰、干净和作图环境的整洁,并保证作图工具和仪器摆放整齐;
(2) 能主动与学习小组成员沟通,与教师和同学建立良好的人际关系。

学习任务1 装配图的内容、作用、尺寸标注和表达方式

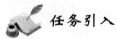

图8-1是一张球阀总成的技术图样,其上有一组图形、尺寸及相关的文字符号信息,形如零件图但又有别于零件图。想知道这是一张什么样的技术图样?它有什么用途,表达的对象是什么,包含哪些内容?

(1) 能说出装配图的表达对象、图样作用及其主要内容;
(2) 能看懂装配图的一般表达方法和特殊表达方法;
(3) 能根据装配图指出各零件的安装位置;
(4) 能看懂装配图的尺寸标注和所注技术要求。
建议学时:2学时。

装配图比零件图更复杂,内容更多,读图时不要着急,先搞清楚装配图和零件图的联系及区别,分成几部分内容;我们可从最基本的内容入手逐步看懂装配图。

一、装配图的内容

1. 一组视图

用一组视图完整、清晰、准确地表达出机器或部件的工作原理、各零件之间相对位置及装配关系、连接方式和重要零件的形状结构等。

图 8-1 所示球阀装配图采用了三个基本视图：主视图采用全剖视图；左视图为半剖视图；俯视图采用局部剖视图；就清楚地表达了零件之间的装配关系及其工作原理。

2. 必要尺寸

装配图上要有表示机器或部件的规格、装配、检验和安装以及运输时所需要的一些必要的尺寸；如图 8-1 球阀装配图中，管口直径 $\phi 20$ 为规格尺寸；$M36 \times 2$ 与 84 为安装尺寸；$\phi 14H11/d11$、$\phi 50H11/h11$ 等为装配尺寸；115、75、121 为装配后的总体尺寸。

3. 技术要求

技术要求就是说明机器或部件的性能和装配、调整、试验等所必须满足的技术条件。如图 8-1 球阀装配图中的文字注写的技术要求是：制造与验收的技术条件应符合国家标准的规定。

4. 零件的序号、明细栏和标题栏

用标题栏注明机器或部件的名称、规格、比例、图号以及设计、制图者签名等。在装配图上对每种零件或组件必须进行编号；并编制明细栏依次注写出各种零件的序号、名称、规格、数量、材料等，以便于生产和图样的管理。

应该注意：零件图的各种表达方法，如视图、剖视图、断面图、简化画法等同样可用于装配图。零件图是为了表达零件的结构形状，而装配图是用来表示总成或部件的工作原理、装配关系和装配件的主要结构形状及其构成等。

二、装配图的作用

在机器或部件的设计过程中，要求先画出装配图，然后根据装配图拆画零件图；在生产过程中，根据零件图进行加工、检验，再依据装配图将零件装配成部件或机器；在使用、维修过程中，通过装配图了解机器或部件的结构、性能、使用方法和分析故障等。装配图表达了机器性能、工作原理、装配关系，它是指导安装、调整、维护和使用机器的重要技术文件。

表达机器各零、部件总成装配关系的装配图，称为总装配图；表达部件中各零件装配关系的则称为部件装配图。

三、装配图的尺寸标注

1. 装配图的尺寸标注

1）规格（性能）尺寸

规格（性能）尺寸是设计和选用机器或部件的主要依据，表明机器或部件的性能、规格的尺寸，如图 8-1 球阀装配图中的管口直径 $\phi 20mm$，就是规格（性能）尺寸。

2) 装配尺寸

装配尺寸是保证相关零件间配合性质和相对位置的尺寸,如图 8-1 球阀装配图中, M36×2 与 84;φ14H11/d11、50H11/h11 等为装配尺寸。

3) 总体尺寸

总体尺寸是表达机器或部件的外形轮廓的大小尺寸,即总长、总宽、总高尺寸,如图 8-1 球阀装配图中,115、75、121 为装配后的总体尺寸。

上述尺寸之间不是相互孤立的,实际上有些尺寸有时是具有多种作用的。

2. 装配图的尺寸公差标注

(1) 在装配图中,标注线性尺寸的配合代号时,必须在公称尺寸的右边用分式的形式注出,分子位置注孔的公差代号,分母位置注轴的公差代号,如图 8-2a) 所示;必要时,也允许按图 8-2b) 或图 8-2c) 的形式标注。

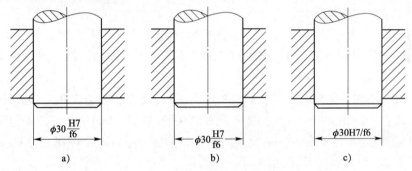

图 8-2 线性尺寸的配合代号标注

(2) 在装配图中,标注相配零件的极限偏差时,一般按图 8-3a) 的形式标注,孔的公称尺寸和极限尺寸注写在尺寸线的上方;轴的公称尺寸和极限偏差注写在尺寸线的下方。也允许按图 8-3b) 的形式标注。若需要明确指出装配零件的代号时,可按图 8-3c) 的形式标注。

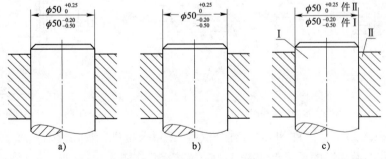

图 8-3 相配零件极限偏差的标注

(3) 标注标准件、外购件与零件(轴或孔)的配合代号时,可以仅标注相配零件的公差带代号,如图 8-4 所示。

四、装配图的表达方法

装配图上只要求把零件之间的装配关系、原理表达清楚,而不需要把每个零件的形状完全表达出来。

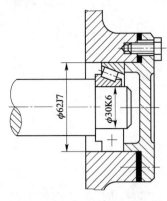

图 8-4　与标准件配合要求的标注

机器或部件的表达方法与零件的表达方法有共同之处,前面介绍的零件的各种表达方法,在装配图中仍然适用。但是零件图表达的是单个零件,而装配图表达的是若干零件按一定装配关系组成的机器或部件。两种图的要求是不同,所表达的侧重也不同。因此,国家标准中规定了有关装配图表达的规定画法和特殊画法。

1. 规定画法

为了表达零件之间的装配关系,必须遵守装配图表达方法的三条规定。

(1)接触面和装配面只用一条线表示其公共轮廓,如图 8-5 所示。相邻零件的接触面和装配面,规定只画一条轮廓线。但相邻零件之间的不接触面,即使间隙再小也要画两条轮廓线。

(2)剖面线的画法。在装配图中,对被剖金属材料的零件其剖面线的画法有以下规定。

①在同一装配图上,同一零件在各个视图、剖面图中剖面线的倾斜面方向和间隔应画成一致。

②为了区分不同的零件,对于相邻零件的剖面线,其倾斜的方向或间距均不得画成一样。应采用倾斜方向相反或剖面线间距不同加以区别,如图 8-5b)所示的件 1 与件 2。

③薄壁零件被剖,其厚度≤2mm 允许用涂黑表达被剖部分,如图 8-8 所示的垫片。

(3)标准实心件的画法,如图 8-6 所示。

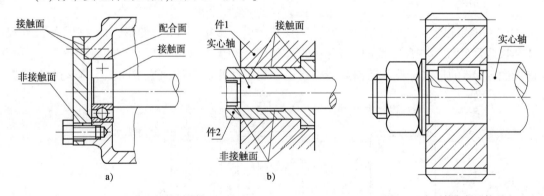

图 8-5　接触与装配面画法　　　　　　图 8-6　实心件和紧固件画法

在装配图中,对于标准件如螺纹紧固件、键、销以及标准的实心零件(轴、球、手柄、连杆等),当剖切平面沿它们的轴线剖切时,均按不剖绘制,如图 8-6 所示。但如果被垂直于其轴线的平面剖切时,则应画剖面符号,如图 8-8 所示。

(4)实心轴上有需要表示的结构,如键槽、销孔等,可采用局部剖表达(图 8-6)。

2. 特殊画法

1)拆卸画法

在装配图的某一视图上,对于已经在其他视图中表达清楚的一个或几个零件,若它们遮住了其他装配关系和零件时,可假想将它们拆去,对其余部分再进行投影,这种画法被称为拆卸画法,但需在视图上方写明"拆去××件",如图8-7所示。

2) 沿结合面剖切画法

在装配图中,当需要表达某些内部结构时,可假想在某两个零件结合面处剖切后画出投影。此时,零件的结合面不画剖面线,被横向剖切的轴、螺栓、销等实心杆件要画出剖面线,如图8-8所示。

3) 单独画出某零件的某视图的画法

在装配图中,为表达某零件的结构形状,可另外单独画出该零件的某一视图,采用这种画法时,必须在所画视图上方注出该视图的名称,在相应视图附近用箭头指明投影方向,并注上同样字母,如图8-8所示。

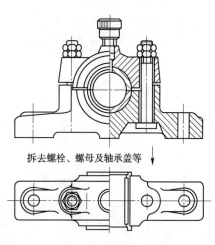

图8-7 拆卸画法(1)

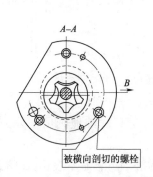 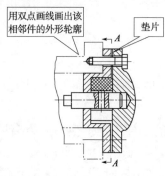 

图8-8 沿结合面剖切画法和单独画出泵盖零件的视图的画法

4) 假想画法

(1) 在装配图中,当需要表达运动件的运动范围和极限位置时,可将运动件画在一个极限位置(或中间位置)上,另一极限位置(或两极限位置)用双点画线画出该运动件的外形轮廓,如图8-9所示。

(2) 在装配图中,当需要表达与本部件有关的相邻零、部件时,可假想用双点画线画出该相邻件的外形轮廓,如图8-8所示。

5) 夸大画法

装配图的薄片零件(图8-8中垫片)、细丝弹簧(图8-10中的弹簧),较小间隙等,为了清楚表达,允许不按比例,适当加大尺寸画出。

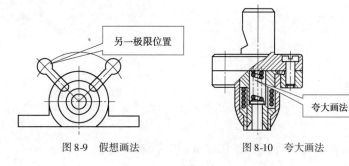

图8-9 假想画法　　图8-10 夸大画法

6）剖切平面之前的结构画法

在需要表达位于剖切平面之前的结构时,这些结构按假想投影的轮廓线表达,如图8-11所示。

7）在剖视图的剖面中可再作一次局部剖(称为剖中剖)

采用该表达时,两个剖面线应方向相同、间隔一致,但要错开,并用引出线标注其名称,如图8-12所示。

装配图的规定画法

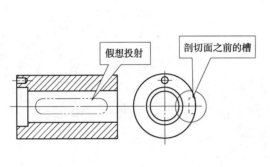

图8-11　位于剖切平面之前结构表达　　　图8-12　剖中剖的表达

3. 简化画法

（1）在装配图中,若干相同的零件组(如螺栓连接组件等)可只详细地画出一处(或几处),其余各处以点画线表达其位置,如图8-13所示。

（2）在装配图中,零件细小工艺结构如小圆角、倒角、退刀槽等均可省略不表达,如图8-14所示。

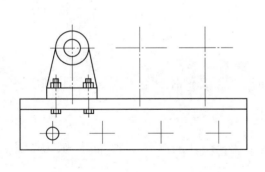

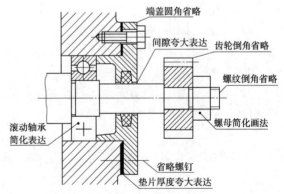

图8-13　若干相同零件组简化表达　　　图8-14　零件细小工艺结构简化表达

 任务实施

一、任务准备

1. 组织方式

（1）场地设施:机械制图理实一体化教室(包含多媒体)。

(2) 工具：图纸、机械制图习题集、智能手机。
(3) 实施方式：将学生 4~6 人一组进行分组讨论。

2. 操作要求

(1) 分析和表述问题逻辑清晰。
(2) 语言表达流畅。
(3) 能看懂装配图中主要内容、尺寸标注、所注技术要求、一般表达方法和安装位置。
(4) 熟练使用云平台。

二、操作步骤

(1) 装配图与零件图在表达方面有何异同？
(2) 装配图上要表达哪些内容，你知道吗？
(3) 说说装配图上零件细小工艺结构的简化表达。

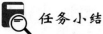 任务小结

(1) 识读图 8-1 球阀装配图，了解装配图识读的内容：一组视图、必要尺寸、技术要求和标题栏、零件序号和明细栏。
装配图表达与识读的内容是：
①一组视图——表达机器或部件总成结构和零件之间装配关系及工作原理视图；
②必要尺寸——相关装配体性能、规格尺寸、装配尺寸和安装、检验、运输等尺寸；
③技术要求——材料处理、表面结构精度、形状和位置精度、工艺条件等；
④零件序号、明细栏和标题栏——应符合相应的国家标准规定。
(2) 识读装配图的基本表达方法。
主要有两种表达方法：规定画法和特殊画法的表达方法。
为表达零件之间的装配关系，必须遵守装配图的三个规定的基本表达方法。
①零件图的各种表达方法，如视图、剖视图、断面图、简化画法等同样也用于装配图。
②特殊表达的方法，8 种特殊表达方法的说明；
③简化表达的方法，5 项简化表达方法的说明。

学习任务 2　装配结构合理性说明

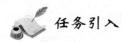 任务引入

图 8-15 中由于工艺结构不合理而无法正常工作。为保证机器或部件的性能，便于零件的加工和拆卸，并有利于降低生产成本，需要合理性设计或规划装配结构。

学习目标

(1)能说出机器上常见的密封装置和防漏装置；
(2)能看懂装配图中的装配结构,并说明其作用。
建议学时:1 学时。

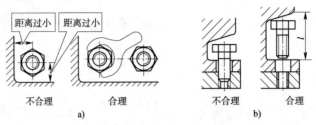

图 8-15　螺纹连接装拆结构的合理性(一)

 知识准备

机器中常见的装配工艺结构和常用的密封结构有很多,为了便于读图,我们必须搞清楚它们的结构。

一、常见的装配工艺结构

1. 接触面及配合面结构的合理性

(1)当两个零件接触时,在同一方向上只能接触一对接触面,既满足装配要求,又可降低加工难度,如图 8-16 所示。

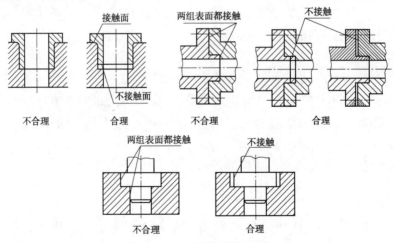

图 8-16　表面接触结构的合理性

(2)当轴和孔配合时,应在轴肩根部或孔的接触端面制作倒角,以保证有良好接触精度的装配要求,以利降低生产成本,如图 8-17 所示。

2. 装拆结构的合理性

(1)采用销钉连接的结构,为了拆卸方便应尽可能将销孔加工成通孔,如图 8-18 所示。
(2)螺纹连接件装拆的合理结构,如图 8-15 所示。

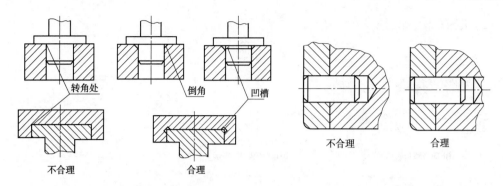

图 8-17 轴和孔配合结构的合理性　　　　图 8-18 销连接装拆结构的合理性

(3) 如图 8-19a)所示,螺栓头部全封在箱体内,将无法安装;可在箱上开出一个手孔或改用双头螺柱结构,如图 8-19b)、图 8-19c)所示。

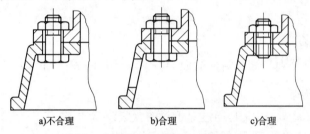

图 8-19 螺纹连接装拆结构的合理性(二)

(4) 滚动轴承的内、外圈在进行轴向定位设计时,必须考虑到其拆卸的方便,如图 8-20 所示。

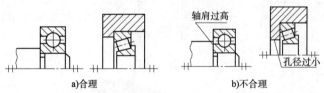

图 8-20 滚珠轴承装拆结构的合理性

3. 螺纹紧固件防松结构的合理性

在工作时,由于受到冲击或振动,一些连接件可能发生松脱,有时甚至产生严重事故,因此在某些结构中需要采用防松结构。

(1) 摩擦防松,如图 8-21 所示。

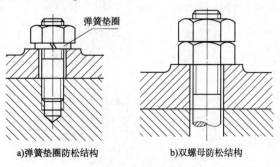

图 8-21 摩擦防松结构

（2）机械防松，如图8-22所示。

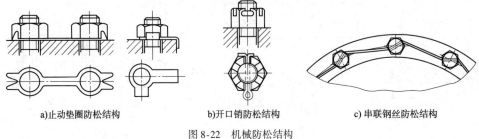

a) 止动垫圈防松结构　　b) 开口销防松结构　　c) 串联钢丝防松结构

图8-22　机械防松结构

二、常用的密封结构

防止机器或部件内部的液体和润滑油向外渗漏，同时避免外部灰尘、水汽和杂质等侵入，必须采用密封结构。

1. 垫片密封结构

密封垫片两端应分别与被密封件端面接触。该结构的表达如图8-23所示。

2. 填料密封结构

填料密封结构的主要作用，是通过对填料的预紧或挤压，封住孔与轴之间的缝隙来达到密封效果的，其结构形式较多，例如图8-24所示。

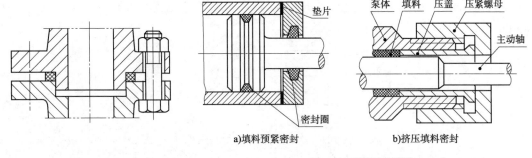

a) 填料预紧密封　　　　　　b) 挤压填料密封

图8-23　垫片密封结构　　　　　图8-24　填料密封结构

3. 滚动轴承密封结构

滚动轴承为防止润滑油外流和外部灰尘、水汽等侵入，需要进行密封。常用的密封结构如图8-25所示。常用的密封件已标准化了，如皮碗和毡圈，其尺寸可在相关手册查取。

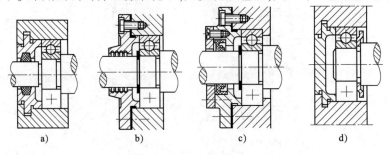

a)　　　　b)　　　　c)　　　　d)

图8-25　滚动轴承常用密封结构

任务实施

一、任务准备

1. 组织方式

(1) 场地设施:机械制图理实一体化教室(包含多媒体)。
(2) 工具:图纸、机械制图习题集,智能手机。
(3) 实施方式:将学生 4~6 人一组进行分组讨论。

2. 操作要求

(1) 分析和表述问题逻辑清晰。
(2) 语言表达流畅。
(3) 看懂装配图中的结构。
(4) 熟悉使用云平台。

二、操作步骤

(1) 你认为图 8-26 所示的装配结构合理吗?为什么?应该如何改进才合理呢?(分组讨论,选择回答)

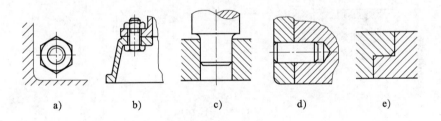

图 8-26 题(1)图

(2) 你能指出图 8-27 所示装配结构的作用吗?(可采用现场选择回答)

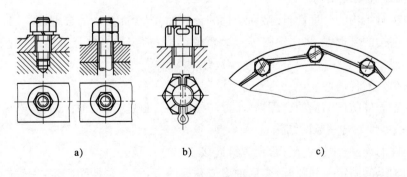

图 8-27

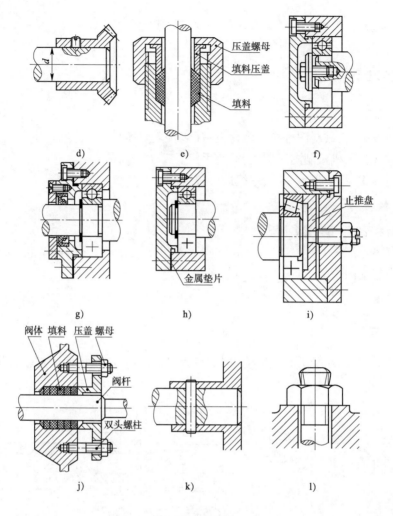

图 8-27 题(2)图

 任务小结

(1) 常见工艺装配结构。

①表面接触结构的合理性:接触面结构的合理性;配合面结构的合理性。

②装拆结构的合理性:采用销钉连接装拆的结构;螺纹连接件装拆的结构;滚珠轴承装拆结构。

③锁紧结构的合理性。

④螺纹紧固件防松结构的合理性:摩擦防松结构;机械防松结构;永久防松结构。

(2) 轴系零件的合理装配结构。

①紧固件的连接:用销连接;紧定螺钉连接。

②滚动轴承的固定与间隙调整:用轴肩或孔肩固定;用弹簧挡圈固定;用轴端挡圈固定;用圆螺母及止动垫圈固定;用衬套固定和调整;调整垫片厚度;调整止推盘。

(3)常用的密封结构。

①垫片密封结构;②填料密封结构;③滚动轴承密封结构;④自锁式密封结构;⑤管道连接密封结构。

学习任务3　装配图识读

任务引入

无论是机器或部件的设计、制造、维修和技术交流,都要用到装配图。因此,从事工程技术的工作人员都必须能读懂装配图。

读装配图的目的是,从装配图中了解机器或部件的性能、作用和工作原理;知道部件中各零件间的装配关系和装、拆顺序;主要零件及其他有关零件的结构形状特征和作用。下面就以活塞连杆总成的装配图为例详尽介绍如何识读装配图(图8-28)。

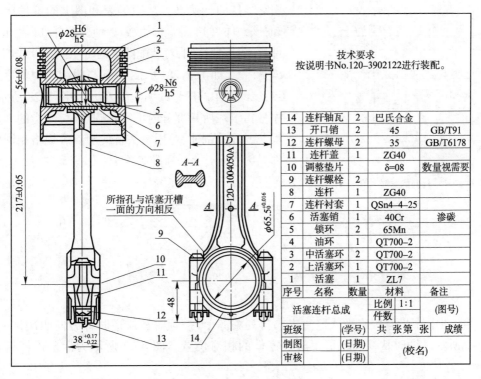

图8-28　活塞连杆总成装配图

学习目标

(1)能说出装配图的看图方法和步骤;

(2)能看懂简单的装配图。

建议学时:3 学时。

知识准备

装配图表达对象、各种表达方法、作用及内容；尺寸标注、技术要求、标题栏、零部件序号及明细表。

一、概括了解

看装配图时，首先从标题栏了解机器或部件的名称；由明细栏和图中序号了解机器或部件的各种零件的名称、数量、材料以及标准件的规格，估计机器或部件的复杂程度；由画图的比例、视图大小和外形尺寸，了解机器或部件的大小；由产品说明书和有关资料，联系生产实践知识，了解机器或部件的性能、功用等。

从图 8-29 中标题栏可知，该部件为"活塞连杆组"，6 个为一组，是发动机中的一个部件，其作用是利用它维持曲柄旋转。从明细表和图上的零件序号可知，该部件由 14 种零件组成（2 种标准件，12 种非标准件）。为方便读图，对装配图中的每一个零件或部件都编写序号，如图 8-28 所示，而且与明细栏中的序号一致；装配图中的序号的编注的方法，如图 8-28 所示；当序号指引线所指部分内不宜画圆点时，所指的零件为很薄或涂黑剖面，可用箭头替代圆点。规格相同的零件只编一个序号，标准化组件，如滚动轴承、电动机等，可看作一个整体编注一个序号，如图 8-30 所示。

14	连杆轴瓦	2	巴氏合金	
13	开口销	2	45	GB/T91
12	连杆螺母	2	35	GB/T6178
11	连杆盖	1	ZG40	
10	调整垫片		δ=08	数量视需要
9	连杆螺栓	2		
8	连杆	1	ZG40	
7	连杆衬套	1	QSn4-4-25	
6	活塞销	1	40Cr	渗碳
5	锁环	2	65Mn	
4	油环	1	QT700-2	
3	中活塞环	1	QT700-2	
2	上活塞环	1	QT700-2	
1	活塞	1	ZL7	
序号	名称	数量	材料	备注
活塞连杆总成		比例	1:1	（图号）
		件数		
班级		（学号）	共 张 第 张	成绩
制图		（日期）		
审核		（日期）	（校名）	

图 8-29 活塞连杆总成装配图的标题栏与明细表

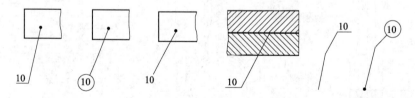

图 8-30 序号的形式

装配图中序号应按水平或竖直方向排列整齐，可按顺时针或逆时针方向顺次排列；如图 8-31 所示。同时从视图也可了解各零件的相对位置。图 8-32 所示为活塞连杆组及轴测分解图。

二、分析视图，明确表达目的

从图 8-28 可以看出，采用了两个视图和一个移出断面图 *A—A*；综合反映活塞连杆的工作原理、装配连接关系及其零件的主要结构形状，主视图上采用了局部剖视，用来表达活塞内部结构形状以及活塞 1、活塞销 6、连杆衬套 7 和连杆 8 的相对位置和装配关系等；左视图重点表达了活塞连杆组的外形。

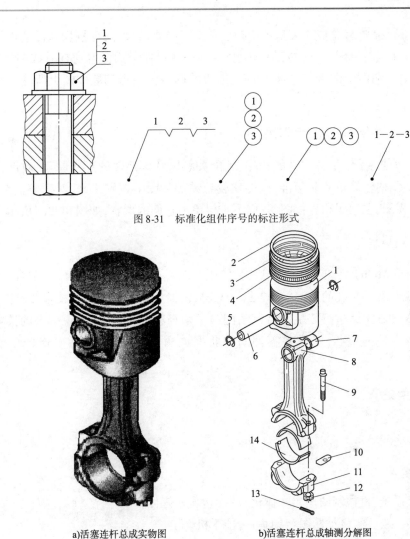

图 8-31 标准化组件序号的标注形式

a) 活塞连杆总成实物图   b) 活塞连杆总成轴测分解图

图 8-32 汽油机活塞连杆组实物图及其轴测分解图

1-活塞；2-上活塞环；3-中活塞环；4-油环；5-锁环；6-活塞销；7-连杆衬套；8-连杆；9-连杆螺栓；10-调整垫片；11-连杆盖；12-连杆螺母；13-开口销；14-连杆轴瓦

三、分析工作原理、装配关系和必要的尺寸

从图 8-28 中的主视图可以看出，活塞销与活塞销孔相配合为 $\phi28N6/h5$；连杆衬套内圆柱面与活塞销中部外圆柱面相配合为 $\phi28H6/h5$，连杆衬套外圆柱面与连杆小头孔相配合。连杆盖用连杆螺栓 9 连接，内孔中装有连杆轴瓦 14，活塞环 2、3、装在活塞上部的环槽内，为了防止活塞销左右轴向移动，在活塞销孔的两端装有锁环 5，为了防止连杆螺母 12 松动，采用了开口销 13 锁定。由于活塞是装在汽缸内，而连杆大头是与曲轴上的连杆轴颈相连的，因此，活塞上下运动时，通过连杆来推动曲轴做旋转运动。

该部件的拆卸顺序是：先拆卸开口销、连杆螺母、连杆螺栓和连杆轴瓦，后用尖嘴钳夹出锁环，从活塞内打出活塞销，从连杆中打出铜套。

图 8-28 中活塞连杆总成中装配图中标注了 7 个必要的尺寸,分别反映活塞连杆总成的性能、规格、外形以及装配、检验、安装时所必需的一些尺寸。如活塞连杆总成的尺寸有 38、48、65.5、217、56 和两个配合尺寸 $\phi28$ 等。细心的读者会注意到装配图上所注尺寸比零件图少很多。

四、分析零件结构形状和作用

通过以上分析,了解了各零件的作用、装配关系以及该部件的工作原理,对部件中的标准件以及一些结构较简单的非标准件,能比较容易的从图上识别出来,对于较复杂的活塞、连杆,对照主视图、左视图和零件图,我们不难想象出它们的形状,如图 8-32a)所示。

五、归纳总结

由尺寸 $\phi28N6/h5$ 可知,活塞销与其孔的配合为基轴制的过渡配合,且配合要求较高,拆卸时应特别注意保护孔的表面。217 ± 0.05、$65.5^{+0.0016}_{0}$ 为重要尺寸。技术要求提出"按说明书 No.120 – 3902122 进行装配",因此装配前必须查阅说明书,并按说明书的技术要求进行装配。由各零件的形状,以及各零件间的装配关系,综合想象出活塞连杆总成的整体形状。

任务实施

一、任务准备

1. 组织方式

(1)场地设施:机械制图理实一体化教室(包含多媒体)。

(2)工具:装配图、机械制图习题集,智能手机。

(3)实施方式:将学生 4~6 人一组进行分组讨论。

2. 操作要求

(1)分析和表述问题逻辑清晰。

(2)语言表达流畅。

(3)看懂简单的装配图。

(4)熟悉使用云平台。

二、操作步骤

(1)看图 8-28 活塞连杆总成装配图,说出其描述的对象是什么?它是部件装配图还是总装配图?(可采用用分组讨论,选题回答)

(2)看图 8-28 活塞连杆总成装配图,说出其采用的比例是多少?意味着实物与图形哪个大、哪个小或一样大?(可采用分组讨论,选题回答)

(3)装配图的作用是什么?装配图中一组视图反映装配体哪些方面内容(可采用用分

组讨论,选题回答)

(4)装配图中的各视图是采用正投影法绘制的吗?当各视图按投影关系配置时,各视图及其零件是否满足正投影规律?(可采用分组讨论,选题回答)

(5)装配图为什么当采用机件各种表达方法时还要采用特殊的表达方法?(可采用分组讨论,选题回答)

(6)看图 8-28 活塞连杆总成装配图,说出其工作原理是怎样的?拆卸的顺序是怎样的?(可采用分组讨论,选题回答)

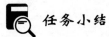
任务小结

通过识读活塞连杆总成装配图,读懂活塞连杆总成的工作原理、装配关系、零件组成及其结构形状、技术要求等,从而看懂装配图。

参 考 文 献

[1] 易波,李志民.汽车零部件识图[M].北京:人民交通出版社,2013.
[2] 易波.汽车零部件识图[M].北京:机械工业出版社,2012.
[3] 李志明.机械制图与AutoCAD[M].上海:复旦大学出版社,2014.
[4] 张慧.机械制图[M].沈阳:东北大学出版社,2015.
[5] 李明雄,钱萍,陈黎明.机械制图[M].上海:上海交通大学出版社,2016.